# Heimat und Welt

## Saarland 9/10

**Moderator:**
Hans Walter Lorang

**Autoren:**
Erika Heit, Rilchingen-Hanweiler
Karl-Heinz Kiefer, Dillingen
Hans Walter Lorang, Überherrn-Berus

Auf verschiedenen Seiten dieses Buches befinden sich Verweise (Links) auf Internet-Adressen.
*Haftungshinweis:* Trotz sorgfältiger inhaltlicher Kontrolle wird die Haftung für die Inhalte der externen Seiten ausgeschlossen. Für den Inhalt dieser externen Seiten sind ausschließlich deren Betreiber verantwortlich. Sollten Sie bei dem angegebenen Inhalt des Anbieters dieser Seite auf kostenpflichtige, illegale oder anstößige Inhalte treffen, so bedauern wir dies ausdrücklich und bitten Sie, uns umgehend per E-Mail unter www.westermann.de davon in Kenntnis zu setzen, damit beim Nachdruck der Verweis gelöscht wird.

© 2009 Bildungshaus Schulbuchverlage
Westermann Schroedel Diesterweg Schöningh Winklers GmbH, Braunschweig
www.westermann.de

Das Werk und seine Teile sind urheberrechtlich geschützt. Jede Nutzung in anderen als den gesetzlich zugelassenen Fällen bedarf der vorherigen schriftlichen Einwilligung des Verlages. *Hinweis zu § 52a UrhG:* Weder das Werk noch seine Teile dürfen ohne eine solche Einwilligung gescannt und in ein Netzwerk eingestellt werden. Das gilt auch für Intranets von Schulen und sonstigen Bildungseinrichtungen.

Druck $A^1$ / Jahr 2009
Alle Drucke der Serie A sind im Unterricht parallel verwendbar.
Lektorat: Brigitte Mazzega
Herstellung: Yvonne Behnke, Thomas Eck
Umschlaggestaltung: Jürgen Brohm
Lay-out-Konzept: Thomas Schröder
Druck und Bindung: westermann druck GmbH, Braunschweig

ISBN 978-3-14-**114303**-4

# Inhaltsverzeichnis

## Wirtschaftsräume in Deutschland 4

Wirtschaftliche starke und schwache Räume ..6
Veränderung der Wirtschaftssektoren .......8
Standortfaktoren und Wirtschaftsräume .....10
*Projekt*: Erkundung unseres Wirtschafts-
raumes ........................12
*Gewusst wie*: Ein Interview führen ........14
*Gewusst wie*: Eine Befragung durchführen...15
Strukturwandel im Saarland.............16
Verdichtungsraum und ländlicher Raum .....24
Halle-Leipzig – moderne Betriebe an
alten Standorten .....................28
Ländliche Räume – Landwirte
stellen sich um ......................32
Bodenmais – Aufschwung durch
Fremdenverkehr......................38
Alles klar? ..........................40

## Die Europäische Union 42

Der Kontinent Europa...................44
Staaten und Entwicklung der EU..........46
So arbeitet die EU....................48
Die Wirtschaftsgemeinschaft.............50
*Gewusst wie*: Eine thematische Karte
entwerfen ..........................52
Hilfen für benachteiligte Gebiete .........54
Zusammenarbeit – grenzenlos ...........56
Alles klar? .........................58

## Großmächte im Wandel 60

USA – führende Wirtschaftsmacht.........62
*Gewusst wo*: Nordamerika...............75
*Gewusst wie*: Ein Referat erarbeiten .......76
Russland – Staat im Umbruch ...........78
China – Staat im Aufbruch .............92
*Gewusst wie*: Ein Länderprofil erstellen .....98
Alles klar? .........................100

## Unsere Eine Welt 102

Bevölkerungsentwicklung auf der Erde .....104
Genug Nahrung – ungleich verteilt .......112
Kinder müssen arbeiten................116
Industrie- und Entwicklungsländer .......118
Merkmale eines Entwicklungslandes...... 120
*Projekt*: Auch ihr könnt helfen! .........126
Verflechtung der Handelsbeziehungen......128
Chancen und Risiken eines freien
Weltmarktes .......................130
Wie lange reichen die Rohstoffe?.........134
Alles klar? .........................138

Minilexikon .......................140
Bildquellen .......................144

# Wirtschaftsräume in Deutschland

**Wirtschaftlich starke und schwache Räume**

**Veränderung der Wirtschaftssektoren**

**Standortfaktoren und Wirtschaftsräume**

**Erkundung unseres Wirtschaftsraumes**

**Ein Interview führen**

**Eine Befragung durchführen**

**Strukturwandel im Saarland**

**Verdichtungsraum und ländlicher Raum**

**Halle-Leipzig – moderne Betriebe an alten Standorten**

**Ländliche Räume – Landwirte stellen sich um**

**Bodenmais – Aufschwung durch Fremdenverkehr**

# Wirtschaftlich starke und schwache Räume

| Land | Warenexport in Mrd. US-$ (2007) |
|---|---|
| Deutschland | 1 326,4 |
| *Zum Vergleich:* | |
| China | 1 217,8 |
| USA | 1 162,5 |
| Japan | 712,8 |
| Frankreich | 553,4 |
| Niederlande | 551,3 |

**M1** *Deutschlands Export im Vergleich*

## Aufgaben

**1** a) Stelle die Zahlen zum Export in M1 als Säulendiagramm dar.
b) Erläutere die Stellung Deutschlands im Vergleich zu den Ländern in M1.

**2** a) Vergleiche das BIP der Regionen im Saarland mit denen in Thüringen und Sachsen (M4).
b) Suche nach möglichen Gründen für die Unterschiede.

**3** Kennzeichne die räumlichen Ungleichheiten in Deutschland anhand der Fotos und der Karte (M2–M7).

### Info

**Bruttoinlandsprodukt (BIP)**
Kennzeichen der Wirtschaftskraft eines Raumes, zum Beispiel eines Landes oder Bundeslandes, ist das Bruttoinlandsprodukt (BIP) pro Jahr. Es ist der Gesamtwert aller Leistungen, die innerhalb des Raumes in einem Jahr erbracht werden.
Das BIP pro Kopf (oder: pro Einwohner) erhält man, wenn der BIP-Wert durch die Einwohnerzahl des Raumes geteilt wird.

## Deutschlands Wirtschaft

In Europa gehört Deutschland zu den wirtschaftlich stärksten Ländern. Das **Bruttoinlandsprodukt (BIP)** pro Einwohner lag in Deutschland 2007 bei 22 500 Euro. Diese Spitzenposition verdankt Deutschland vor allem seinem Export.

Innerhalb Deutschlands ist die Wirtschaftskraft jedoch nicht gleich verteilt. Es gibt räumliche Ungleichheiten. Diese Ungleichgewichte bestehen zwischen Bundesländern, aber auch zwischen Regionen (siehe M4). Große Unterschiede gibt es zum Beispiel zwischen ländlichen Räumen und dicht besiedelten, städtischen Räumen.

Auch zwischen Ost- und Westdeutschland konnte trotz finanzieller Unterstützung der Bundesregierung noch keine wirtschaftliche Gleichheit geschaffen werden.

**M2** *Neue Nutzung: ein ehemaliges Stahlwerk in Duisburg*

**M3** *Frankfurt im Rhein-Main-Gebiet*

# Wirtschaftsräume in Deutschland

**M4** *Deutschland: Wirtschaftskraft (BIP pro Kopf) nach Regionen*

**M6** *Landwirtschaft in Mecklenburg-Vorpommern*

**M7** *Häuser stehen leer in Hoyerswerda.*

**M5** *Touristen im Bayerischen Wald*

### Merke
Deutschland gehört zu den wirtschaftlich stärksten Staaten in Europa. Innerhalb Deutschlands gibt es jedoch räumliche Ungleichgewichte. Große Unterschiede bestehen zwischen Ost- und Westdeutschland sowie zwischen ländlichen Räumen und Verdichtungsräumen.

### Grundbegriff
- Bruttoinlandsprodukt (BIP)

# Veränderung der Wirtschaftssektoren

## Sektoren der Wirtschaft

Die Wirtschaft wird durch die Zusammenfassung ähnlicher Wirtschaftszweige in drei Sektoren (Teile) gegliedert.

**Erster Wirtschaftssektor**
Der erste Wirtschaftssektor beschäftigt sich mit der Gewinnung von Rohstoffen und der Herstellung von Lebensmitteln. Er wird auch **primärer Sektor** (lateinisch: erster Bereich) genannt. Bergbau, Landwirtschaft, Forstwirtschaft und Fischerei gehören zum primären Sektor.

M1

**Zweiter Wirtschaftssektor**
Zu diesem Wirtschaftssektor zählen Betriebe, die die Rohstoffe aus dem primären Sektor weiterverarbeiten. Er wird auch **sekundärer Sektor** (lateinisch: zweiter Bereich) genannt. Zu ihm zählen Industrie, Handwerk, Energieversorgung, Wasserversorgung und Baugewerbe.

**Dritter Wirtschaftssektor**
Dieser Wirtschaftssektor wird auch **tertiärer Sektor** (lateinisch: dritter Bereich) oder **Dienstleistungssektor** genannt. In diesem Sektor werden alle Unternehmen erfasst, die Dienstleistungen erbringen: Handel, Banken, Verkehr, Tourismusgewerbe, Verwaltung, Bildungs- und Gesundheitswesen.

# Wirtschaftsräume in Deutschland

## Dienstleistungen auf dem Vormarsch

Der tertiäre Sektor gewinnt stetig an Bedeutung. Hierfür gibt es mehrere Gründe.

Zum einen erledigen die Menschen heute viele Arbeiten nicht mehr selbst, sondern nehmen Dienstleistungen in Anspruch. Während zum Beispiel früher viele Autobesitzer ihr Auto am Samstag reinigten, fahren sie heute einfach durch die Waschanlage. Die Reinigung erfolgt gründlich, preiswert und vor allem schnell.

Zum anderen steigt die Nachfrage nach Dienstleistungen auch dadurch, dass die Menschen in Deutschland länger leben und mehr Freizeit haben. Krankenpfleger, Altenpfleger und Ergotherapeuten kümmern sich um die ältere Generation; Fitnesstrainer und Fremdsprachenlehrer machen Angebote für eine sinnvolle Freizeitgestaltung. Auch deine Lehrerin oder dein Lehrer ist im tertiären Sektor tätig. Lehrkräfte in öffentlichen Schulen sind Beamte oder Angestellte des Bundeslandes.

## Spezialisierte Firmen helfen, Kosten zu sparen

Die Zahl von Firmen, die Dienstleistungen anbieten, nimmt ständig zu; Beispiele dafür sind Werbeagenturen, Transportunternehmen oder Anwaltskanzleien. Die Vergabe von Aufträgen an solche Fremdfirmen wird **Outsourcing** genannt. Für viele Bereiche werden hochspezialisierte Fachkräfte benötigt, zum Beispiel Grafiker und Werbetexter für eine Werbekampagne oder Rechtsanwälte, die sich im ausländischen Landesrecht auskennen. Die Firmen kaufen die Dienstleistungen ein, weil sie kostengünstiger sind, als wenn sie von Angestellten im Unternehmen bearbeitet werden. Selbst für Großunternehmen würde es sich nicht lohnen, solche Spezialisten selbst zu beschäftigen. Der Vormarsch der Dienstleistungen ist ein Merkmal des **Strukturwandels**.

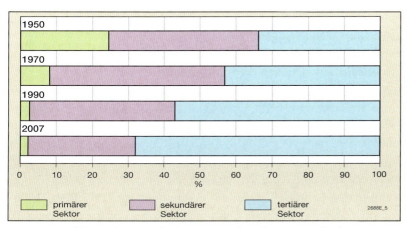

**M2** *Entwicklung der Beschäftigten in den drei Wirtschaftssektoren in Deutschland*

## Aufgaben

**1** Ordne die Fotos in M1 den Wirtschaftssektoren zu.

**2** Industriekaufmann, Bergmann, Altenpflegerin, Orthopädiemechaniker, Verwaltungsfachangestellte, Winzer, Mediendesigner, Gärtnerin, Goldschmiedin, Zweiradmechaniker, Heilpraktiker und Kindergärtnerin. Erstelle eine Liste mit drei Spalten für die Wirtschaftssektoren und ordne die genannten Berufe richtig ein.

**3** Ermittelt die Berufswünsche in eurer Klasse. Ordnet sie Wirtschaftssektoren zu.

**4** Welche Dienstleistungen nimmst du im Laufe einer Woche in Anspruch? Liste sie auf.

**5** a) Beschreibe die Veränderung der deutschen Wirtschaft (M2).
b) Erkläre den Strukturwandel.

---

**Merke**
Die Wirtschaft gliedert sich in den primären, sekundären und tertiären Sektor. Die deutsche Wirtschaft durchläuft einen Strukturwandel.
Die Zahl der Beschäftigten im primären und sekundären Wirtschaftssektor nimmt ab, die im tertiären Sektor nimmt zu

**Grundbegriffe**
- primärer Sektor
- sekundärer Sektor
- tertiärer Sektor (Dienstleistungssektor)
- Outsourcing
- Strukturwandel

# Standortfaktoren und Wirtschaftsräume

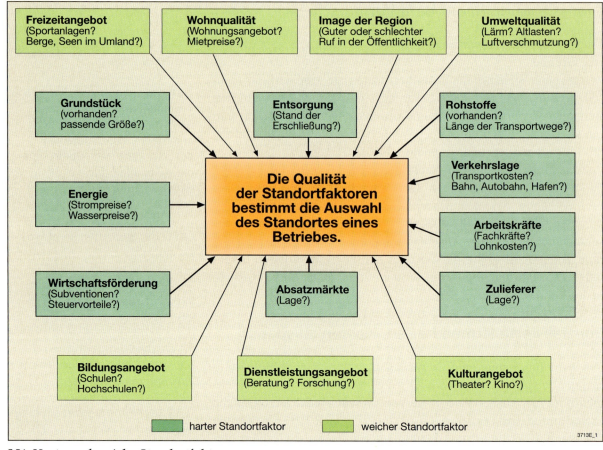

**M1** *Harte und weiche Standortfaktoren*

## Wirtschaftsförderung – wichtiger Standortvorteil

Jede Gemeinde hat Gemeinschaftsaufgaben für ihre Bürgerinnen und Bürger zu leisten, zum Beispiel Straßenbeleuchtung, Bau von Schulen oder Ausgabe von Personalausweisen. Diese Leistungen kosten viel Geld. Darum erheben die Gemeinden Steuern und Gebühren. So müssen zum Beispiel Industrieunternehmen, Handwerksbetriebe und Geschäfte Gewerbesteuern zahlen.

Die Gemeinden sind bestrebt, dass sich viele Firmen ansiedeln, um Arbeitsplätze zu schaffen und die Steuereinnahmen zu verbessern. Die Niederlassung neuer Betriebe wird deshalb gefördert. Jeder einzelne Betrieb muss die Qualität der für ihn wichtigen **Standortfaktoren** berücksichtigen, wenn er auf Dauer erfolgreich arbeiten will. Deshalb hängt es von den Standortvorteilen ab, zum Beispiel von den **Subventionen**, in welchem Ort sich ein Betrieb niederlässt. Subventionen sind Vergünstigungen, die Firmen vom Staat (Bund, Bundesland, Landkreis, Gemeinde) erhalten, wie Zuschüsse, Darlehen oder Steuervorteile. Es können auch sonst übliche Kosten (z. B. Erschließungskosten) erlassen werden. Subventionen sind Teil der **Wirtschaftsförderung**.

## Aufgaben

**1** Nenne sechs Standortfaktoren in deinem Heimatort oder deiner Heimatregion und erläutere deren Qualität (M1).

**2** Erläutere den Standortfaktor Wirtschaftsförderung anhand von Beispielen aus M2.

# Wirtschaftsräume in Deutschland

## Wirtschaftsförderung – Was ist das?

**Frage:** „Warum betreibt die Gemeinde überhaupt Wirtschaftsförderung?"

**Caspar:** „Vereinfacht kann man sagen, dass zur Wirtschaftsförderung alles das gehört, was den in einer bestimmten Region vorhandenen Betrieben hilft bzw. was die Neuansiedlung von Betrieben unterstützt. Das können finanzielle Hilfen sein, aber auch Beratung, Kontaktherstellungen, Erleichterung bei Genehmigungen und die Verbesserung der Standortfaktoren. Die Gemeinde braucht die Firmen, denn sie bieten Arbeitsplätze. Mit den Steuern, die die Firmen und die Arbeitnehmer an die Gemeinde zahlen, kann die Infrastruktur erhalten und verbessert werden."

*Unsere Redakteure im Gespräch mit Herrn Caspar vom Amt für Wirtschaftsförderung der Gemeinde Überherrn*

**Frage:** „Haben auch Kinder und Jugendliche etwas von der Wirtschaftsförderung?"

**Caspar:** „Ja, in vielfältiger Weise. Wenn eine Gemeinde höhere Steuereinnahmen hat, kann sie auch mehr anbieten: zum Beispiel Kindergärten, Schulen, Sportstätten und Jugendtreffs. Derzeit beschäftigen wir uns mit dem Ausbau der Krippenplätze. Wenn wir ein gutes Angebot für die Betreuung kleiner Kinder haben, machen wir uns für die Eltern als Wohnsitzgemeinde interessant. Damit junge Leute nicht wegziehen, ist es wichtig, dass wir Ausbildungs- und qualifizierte Arbeitsplätze vor Ort anbieten können. Hierzu brauchen wir die Unternehmen."

**Frage:** „Welche Aufgaben und Ziele haben Sie sich für die nächsten Jahre gestellt?"

**Caspar:** „Wir konnten durch die Ansiedlung neuer Firmen und die Ausweitung vorhandener Betriebe die Beschäftigtenzahl in den letzten zehn Jahren um die Hälfte steigern. Ein Grund dafür war die neue Verkehrsanbindung. Wir wollen die Zahl der Unternehmen in unserer Gemeinde natürlich erhalten und sie möglichst noch verbessern. Wir werden versuchen, durch unsere neue Strategie „Wohnen und Arbeiten" Menschen im Ort zu halten bzw. neu anzusiedeln, damit die alten Wohngebiete nicht aussterben. Die Industriegebiete, die Mischgebiete und die reinen Wohngebiete müssen eine Qualität erhalten, die dem allgemein zu beobachtenden negativen Trend entgegenwirkt. In Zukunft wird unsere Wirtschaftsförderung immer mehr die Aufgabe haben, die Vorhaben mit den Nachbargemeinden und auch mit unseren französischen Nachbarn abzustimmen."

**M2** *Artikel aus einer Schülerzeitung*

## Aufgabe

**3** Erkundige dich bei deiner Gemeinde- oder Stadtverwaltung,
a) welches die drei größten Gewerbebetriebe in deiner Gemeinde sind;
b) ob es Maßnahmen der Wirtschaftsförderung gibt und wenn ja welche;
c) ob ein neues Gewerbegebiet geplant ist und welche Betriebe sich dort ansiedeln wollen;
d) wie ein neues Gewerbegebiet erschlossen wird und wie viel die Erschließung kostet.
Berichte darüber.

### Merke
Ob sich Unternehmen ansiedeln oder nicht, richtet sich nach den Standortfaktoren. Die Gemeinden bemühen sich um möglichst hohe Qualität.

### Grundbegriffe
- Standortfaktor
- Subvention
- Wirtschaftsförderung

# Projekt

# Erkundung unseres Wirtschaftsraumes

## Fragen über Fragen …

Erkundet doch einmal, wie sich Wirtschaft und Bevölkerung in deinem Heimatraum in den letzten Jahren entwickelt haben. Als Anregung sind im Folgenden Fragestellungen aufgelistet, denen ihr nachgehen könnt.

- Wie wirtschaftsstark ist die Heimatregion? Wie hoch ist das Bruttoinlandsprodukt? Ist die Region eher wirtschaftsstark oder wirtschaftsschwach? Wie hoch ist das Steueraufkommen der Gemeinden? Gibt es Ungleichgewichte innerhalb der Region? Wird Wirtschaftsförderung betrieben? Gibt es Hilfen der Bundesregierung oder der EU?
  (→ Gemeindeverwaltung, Kreisverwaltung)
- In welchen Wirtschaftssektoren arbeiten die Einwohner? Wie viele Beschäftigte gibt es in den einzelnen Wirtschaftssektoren? Gibt es Zahlen, wie das vor zehn, zwanzig Jahren oder noch früher war?
  (→ Gemeindeverwaltung)
- Welche Arbeitsstätten gibt es in der Gemeinde? Zu welchen Wirtschaftssektoren zählen sie?
  (→ eigene Untersuchung im Gewerbegebiet, Nachfrage in den Firmen)
- Welche Industriebetriebe mit wie vielen Beschäftigten haben in den letzten Jahren geschlossen, neu eröffnet?
  (→ Gemeindeverwaltung)
- Was stellen die Industriebetriebe her? Wie viel der Produktion geht in den Export? In welche Länder? Woher bezieht der Betrieb seine Rohstoffe? Welches sind die Standortfaktoren?
  (→ Interview im Betrieb)
- Gibt es in der Region Spezialisierungen auf ein bestimmtes Produkt? Gibt es in einem Bereich besondere Neuerungen?
  (→ Gemeindeverwaltung, Firmen, Zeitungen)
- Wie viele Menschen pendeln täglich in einen anderen Ort zur Arbeit?
  (→ Stadtverwaltung, Verkehrszählung)
- Wie hat sich in den Einkaufsbereichen / Geschäftsstraßen die Nutzung verändert? Wie war sie zum Beispiel vor zehn Jahren? Wie ist sie jetzt?
  (→ Kartierung; Geschäftsinhaber, Nachbarn fragen)
- Aus welchen Orten kommen die Käufer im Supermarkt / im Shopping Center, wo deine Familie auch einkauft? (→ Befragung, Kartierung, Auflistung der Nummernschilder auf dem Parkplatz)
- Wie ist die natürliche Bevölkerungsentwicklung in der Region (Geburtenrate, Sterberate)? Gibt es Zuwanderung oder Abwanderung? Was sind die Gründe dafür? Wie wirkt sich das auf die öffentliche Infrastruktur aus (Schulen, Altenheime usw.)?
  (→ Gemeindeverwaltung, Kreisverwaltung, Tageszeitungen, Gemeindearchiv)

**M1** *Auf einem Parkplatz (z. B. in der Innenstadt, vor einem Einkaufszentrum) lassen sich zahlreiche Informationen gewinnen:*
- *Die Nummernschilder verraten, woher die Menschen kommen.*
- *Die Parkdauer lässt auch Rückschlüsse auf den Zweck des Aufenthaltes zu (Dauerparker während der Arbeitszeit, Kurzparker nur zum Einkauf, Touristen).*
- *Durch Befragungen kann man Genaueres über die Art, die Motive und die Dauer des Aufenthaltes erfahren.*

*Achtung! Vor allen Untersuchungen immer den Betreiber bzw. Besitzer des Parkplatzes um Erlaubnis fragen!*

# Projekt

**Deutschland – Räume entwickeln sich**

## Informationsquellen „anzapfen": Verwandte, Nachbarn, Bekannte

Schon durch die Befragung deiner Eltern, anderer Verwandter und Bekannter kannst du Einiges herausbekommen! Viele ältere Leute erinnern sich zum Beispiel ganz genau, was sich innerhalb der letzten Jahrzehnte in der Gemeinde, in einem bestimmten Straßenzug oder im Wohnumfeld verändert hat. Oft verfügen sie über alte Fotos, die die Veränderungen aufzeigen.

Über Verwandte und Bekannte kann man oft gute Informationen über Firmen, Produkte oder Arbeitplätze bekommen.

> **Tipp**
> In den meisten Städten und Gemeinden gibt es ein Gemeindearchiv und jemanden, der die Geschichte der Gemeinde seit Jahren verfolgt. Erkundigt euch! Es lohnt bestimmt ihm Fragen zu stellen!

## Das Internet

- Gemeinden haben häufig eine eigene, amtliche Seite (oft als „www.NameDerGemeinde.de"). Hier erfährt man in der Regel die wichtigsten statistischen Daten, aber auch die Namen von Ansprechpartnern innerhalb der Verwaltung.
- Kreisverwaltung und Bundesland bieten reichhaltige Informationen auch zur Bevölkerungs- und zur Wirtschaftsstruktur sowie zur Wirtschaftsförderung.
- Statistische Landesämter (z. B. www.statistik.de) halten auch online zahlreiche statistische Informationen bereit.
- Firmen haben meist ihre eigene Hompage. Interessant ist dies auch, um Kontaktadressen und die Namen von Ansprechpartnern für ein Interview (z. B. Abteilung für Public Relations, Öffentlichkeitsarbeit) zu erfahren.
- Suchmaschinen können weitere Quellen erschließen.

> **www**
> www.neunkirchen.de
> www.saarland.de

## Gemeindeverwaltung – Kreisverwaltung

Ein Besuch in der Gemeinde-, Verbandsgemeinde-, Stadt- oder Kreisverwaltung kann gerade zu den Themen Bevölkerungsentwicklung, wirtschaftliche Entwicklung und Wirtschaftsförderung sehr aufschlussreich sein.
Nach vorheriger Anmeldung sind manche Mitarbeiter gern bereit, ein Interview zu geben oder bei schriftlicher Anfrage Informationen zusammenzustellen.

## Firmen

Nach (telefonischer) Voranmeldung nehmen sich Angestellte in Firmen oft die Zeit, Auskunft über ihren Betrieb zu geben. (Genaue Zahlen zu Gewinn, Absatz oder Löhnen darf man natürlich nicht erwarten.)

**M1** *Auch Firmenschilder und Hinweisschilder auf Gewerbegebiete können gut nutzbare Informationen enthalten.*

# Gewusst wie

# Ein Interview führen

## 1. Thema festlegen und sich informieren

Bevor du jemanden interviewst, musst du selbst Fachfrau oder Fachmann in der Thematik sein. Nur dann kannst du gute, zielgerichtete Fragen stellen und nur dann bist du für deinen Interviewpartner auch ein interessanter Gesprächsteilnehmer, bei dem es sich lohnt, ausführliche Antworten zu geben.

## 2. Interviewpartner und Interviewtermin festlegen

- Informiere dich zunächst, wer ein günstiger Ansprechpartner sein könnte (→ Internet). Firmen haben häufig jemanden, der sich um die Öffentlichkeitsarbeit kümmert.
- Rufe dann bei der Firma oder Behörde an, stelle dich vor (Schule, Name) und beschreibe kurz, was du genau möchtest. Solltest du weiterverbunden werden, notiere dir die Namen, die man dir nennt.

## 3. Frageliste erstellen

Überlege dir genau das Thema und die Zielsetzung deines Interviews. Formuliere anschließend Fragen; stelle dich dabei auf deinen Gesprächspartner ein. Achte darauf, dass du nur solche Fragen stellst, die dein Interviewpartner auch beantworten kann und darf. (Viele Daten in einer Firma gelten als vertraulich und werden daher nicht weitergegeben.) Überlege dir mögliche Antworten, nur dann kannst du später schnell genug das Gesagte mitnotieren.

## 4. Durchführung des Interviews

Es ist sinnvoll, das Interview (evtl. auch schon die telefonische Kontaktaufnahme) im Rollenspiel zu üben. Spiele dabei die möglichen Situationen durch, in der Klasse oder zu Hause. Übe zum Beispiel
- dein Verhalten am Empfang (kurze Vorstellung, Nennung des Termins);
- deine Begrüßung des Gesprächspartners und deine Erklärung zum Ziel des Interviews (dein Gegenüber muss genau wissen, was du willst!);
- dein Gesprächsverhalten (gehe auf dein Gegenüber ein, frage nach, zeige dich interessiert, spreche laut und deutlich);
- deine Sicherung der gewonnenen Informationen (in Stichworten mitschreiben, vorbereitete Antworten ankreuzen).

## Aufgabe

**1** Formuliere einen Brief an die Gemeindeverwaltung, in dem du um einen Gesprächstermin mit dem Bürgermeister bzw. der Bürgermeisterin bittest.

## 5. Auswertung

Werte die Antworten aus: Was hattest du erwartet, was nicht? Wo sind Nachfragen nötig?
Fasse die Ergebnisse nach Themen zusammen.

# Eine Befragung durchführen

## Auf die richtige Frage kommt es an!

Du kennst das Problem zum Beispiel aus der Klassenarbeit oder aus dem Schulbuch: Du weißt nicht genau, was mit einer Frage gemeint ist, wie ausführlich die Antwort sein soll und welche Form sie genau haben soll. – Wenn man Informationen durch Fragen bekommen möchte, ist es wichtig, die Fragen genau und zielgerichtet zu formulieren.

## Offene und gebundene Fragen

Will man die Antworten hinterher auswerten, dann müssen die Fragen auch so gestellt sein, dass sich die Antworten gut weiterverarbeiten lassen. Daher ist es häufig sinnvoll, sich genau zu überlegen, welche Antworten überhaupt gegeben werden können, sodass man die gegebene Antwort ankreuzen kann. Solche **gebundene Fragen** werden oft mit einer Tabelle und Wertungen kombiniert.

Fragt man zum Beispiel nach der Bedeutung von Standortfaktoren, dann weiß man, welche Standortfaktoren grundsätzlich in Frage kommen. Diese ordnet man dann einer Skala mit vier oder sechs Wertungen von sehr wichtig bis unwichtig zu. (Keine ungerade Zahl von Wertungen nehmen, sonst wird zu häufig die mittlere Zahl, sozusagen das *Unentschieden* gewählt!) Diese Art von Antworten lässt sich vergleichen, grafisch darstellen und mit Computerprogrammen verarbeiten.

*Offene Fragen* lassen dem Befragten die Möglichkeit, frei und beliebig lang zu antworten. Diese Form der Antworten lässt sich zwar sehr schwer auswerten und mit den Antworten anderer Interviewpartner vergleichen, aber viele Antworten kann man nun mal nicht vorgeben.

| Standortfaktor | sehr wichtig | wichtig | weniger wichtig | unwichtig |
|---|---|---|---|---|
| Absatzmarkt | | | | |
| Nähe zu einem Hauptabnehmer | | | | |
| günstige Lage des Ansiedlungsgeländes | | | | |
| günstiger Preis des Ansiedlungsgeländes | | | | |
| gute Verkehrsanbindung | | | | |
| qualifizierte Arbeitskräfte | | | | |
| preiswerte Arbeitskräfte | | | | |
| Nähe zu einer Forschungseinrichtung | | | | |
| Fördermittel | | | | |
| persönliche Gründe des Eigentümers | | | | |

## Befragungen – Umfragen – Fragebögen

Befragungen kann man sowohl als Einzelbefragung in einem Interview durchführen als auch in Form einer Umfrage mündlich oder schriftlich mit Fragebögen. Wichtig bei schriftlichen Befragungen ist, dass auch hier deutlich wird, was das Ziel der Umfrage und wer der Verantwortliche für den Fragebogen ist.

## Aufgaben

**2** Erstelle einen vollständigen Fragebogen mit gebundenen Fragen zum Thema
a) Standortfaktoren,
b) Arbeitsplatz.

**3** Schreibe eine Einleitung für einen Fragebogen.

# Strukturwandel im Saarland

M1 *Förderturm – Bergwerk Saar in Ensdorf*

| Jahr | Förderung in Mio. t | Beschäftigte |
|------|---------------------|--------------|
| 1957 | 16,29 | 64961 |
| 1960 | 16,33 | 52964 |
| 1970 | 10,55 | 26883 |
| 1980 | 10,13 | 24752 |
| 1990 | 9,71  | 19609 |
| 2000 | 5,73  | 10032 |
| 2007 | 3,53  | 5329  |

M2 *Steinkohlenbergbau im Saarland*

## Das Saarland: „Kohle, Eisen, Stahl"

Die Industrie im Saarland war immer sehr stark von der **Montanindustrie** geprägt. Noch 1980 arbeiteten mehr als ein Drittel aller Beschäftigten im Steinkohlenbergbau oder in der Eisen- und Stahlindustrie. Diese **Monostruktur** brachte jedoch Probleme mit sich: Bereits Ende der 1950er Jahre führte die **Kohlenkrise** zum Sterben vieler Zechen. Billige Steinkohleimporte und die Umstellung auf Erdöl ließen die Förderung von Steinkohle zurückgehen. Von den ursprünglich 18 Gruben wurden zwölf geschlossen. Dadurch fielen Arbeitsplätze weg. Durch den Einsatz moderner Technik in den verbleibenden Bergwerken sank die Zahl der Beschäftigten weiter. Seit 2005 ist nur noch ein Standort übrig geblieben: das Bergwerk Saar in Ensdorf, ein sehr leistungsfähiges Bergwerk. Modernste Technik ermöglicht eine tägliche Förderung von 15000 Tonnen, was einer Jahresleistung von 3,7 Millionen Tonnen entspricht. Der Abbau von Kohle soll aber im Saarland ab 2012 ganz eingestellt werden.

Die wegfallenden Arbeitsplätze im Saarland zwangen zu einem Strukturwandel. Man begann die Monostruktur aufzugeben und durch eine Mischstruktur mit mehreren Wirtschaftszweigen zu ersetzen (**Diversifizierung**).

Als durch die Ansiedlung neuer Industriezweige die Folgen der Kohlenkrise einigermaßen abgefangen werden konnten, kam in den 1970er Jahren die **Eisen- und Stahlkrise** hinzu. Immer häufiger

|  | 1957 | 1960 | 1970 | 1980 | 1990 | 2000 | 2007 |
|---|---|---|---|---|---|---|---|
| Steinkohlenförderung (in Mio t) | 149,4 | 142,3 | 111,3 | 86,6 | 69,8 | 33,3 | 21,3 |
| Bergwerke | 173 | 146 | 69 | 39 | 27 | 12 | 8 |
| Belegschaft (in 1000) | 607,3 | 490,2 | 252,7 | 186,6 | 130,3 | 58,1 | 32,8 |
| Leistung unter Tage je Schicht und Mann (in kg) | 1599 | 2057 | 3755 | 3948 | 5008 | 6685 | 7071 |

M4 *Zahlen zum Steinkohlenbergbau in Deutschland*

Der Kohlenhobel beansprucht wenig Raum und kann von daher bei Flözen mit geringer Mächtigkeit eingesetzt werden. Die abgehobelte Kohle fällt in die Förderrinne. Von dort aus wird sie weitertransportiert. Die neueste Entwicklung besteht darin, dass Sensoren den Kohlenhobel steuern. Sie erkennen unter anderem die Grenze zwischen Kohle und Gestein.

M3 *Vollmechanisierte Förderung mit dem Kohlenhobel*

## Wirtschaftsräume in Deutschland

M5 *Im Walzwerk (Dillinger Hütte)*

| Jahr | Rohstahl-produktion (in 1000 t) | Beschäftigte |
|---|---|---|
| 1950 | 1 898 | 28 275 |
| 1960 | 3 779 | 42 076 |
| 1970 | 5 413 | 39 436 |
| 1980 | 4 859 | 30 818 |
| 1990 | 4 411 | 16 701 |
| 2000 | 3 760 | 11 040 |
| 2007 | 5 435 | 11 030 |

M7 *Eisen- und Stahlindustrie im Saarland*

wurden Gegenstände aus Kunststoffen statt aus Stahl oder Eisen angefertigt. Dadurch sank die Nachfrage. Außerdem wurde weltweit mehr Eisen und Stahl hergestellt als benötigt wurde. Dieses Überangebot führte zu sinkenden Preisen. Im Saarland erschwerten auch noch komplizierte Eigentumsverhältnisse die Abstimmung der Produktionsprogramme in den Hüttenwerken.

Die Lösung des Problems wurde in der Konzentration, Modernisierung und Spezialisierung der saarländischen Hüttenwerke gesehen. Von den ursprünglich fünf vollständigen Hüttenwerken blieben zwei Unternehmen übrig: die Dillinger Hütte (Zentralkokerei, Hochofen, Stahlwerk und Walzwerk) und die Saarstahl AG mit den Standorten Völklingen (Stahlwerk, Walzwerk, Schmiede), Burbach (Drahtstraße) und Neunkirchen (Draht- und Feinstahlstraße). Beide Unternehmen stehen nach den kritischen Jahren wieder ausgezeichnet da und zählen zu den wichtigen industriellen Arbeitgebern im Saarland.

## Aufgaben

**1** a) Erläutere die Gründe für die Steinkohlen- sowie die Eisen- und Stahlkrise.
b) Beschreibe die Auswirkungen der Krisen.

**2** Erkläre, warum monostrukturierte Wirtschaftsräume besonders krisenanfällig sind.

**3** Fertige Diagramme zu M2 und M7 an.

**4** Beschreibe die Entwicklung der Welt-Rohstahlproduktion (M6).

### Merke
Die Industrie des Saarlandes war lange Zeit durch die Montanindustrie geprägt. Infolge der Steinkohlen- sowie der Eisen- und Stahlkrise sind sehr viele Arbeitsplätze verloren gegangen. Dadurch war ein Strukturwandel notwendig.

### Grundbegriffe
- Montanindustrie
- Monostruktur
- Kohlenkrise
- Diversifizierung
- Eisen- und Stahlkrise

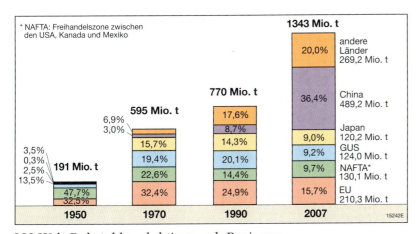

M6 *Welt-Rohstahlproduktion nach Regionen*

# Strukturwandel im Saarland

Das Wirtschaftsministerium des Saarlandes hat das Netzwerk „automotive.saarland" ins Leben gerufen. Es unterstützt saarländische Unternehmen der Automobilindustrie, indem es als zentrale „Kommunikationsdrehscheibe" dient und gemeinsame Unternehmungen der Automobilzulieferer anregt. Es geht darum, die Wettbewerbsfähigkeit zu stärken. (www.automotive.saarland.de)

**M1** *Eine Initiative zur Stärkung der saarländischen Auto-Industrie*

## Autoindustrie – eine Schlüsselindustrie

Der notwendige Umstrukturierungsprozess im Saarland führte zum Verlust zahlreicher Arbeitsplätze, aber auch zur Ansiedlung neuer, zukunftsträchtiger Betriebe. Heute arbeitet jeder dritte Industriebeschäftigte in einem Betrieb, der nach 1960 entstanden ist. Das Bild der Saarindustrie ist geprägt durch die **Investitionsgüterindustrien**. Hier sind seit 1960 mehr als 35 000 Arbeitsplätze entstanden. Neben den Branchen Stahlbau, Maschinenbau, Elektrotechnik, Stahlumformung, Automatisierungs- und Fertigungstechnik, Medizintechnik, Energie- und Umwelttechnik sind vor allem der Fahrzeugbau und seine **Zulieferindustrien** zu nennen.

Die Entwicklung begann mit der Ansiedlung der Ford-Werke in Saarlouis Ende der 1960er Jahre. Von 1970 bis 2008 wurden über elf Millionen Fahrzeuge gefertigt. Heute zählt das Werk Saarlouis zu den modernsten Automobilwerken in der Welt. Im Jahr 2008 verließen täglich 1 920 Autos das Werk, in dem 6 600 Beschäftigte arbeiten. Über 80 % der Produktion werden exportiert, was mehr als ein Drittel des gesamten saarländischen Exports ausmacht. Weitere Arbeitsplätze sind in Handel, Gewerbe und vor allem in den Zulieferindustrien entstanden. Eine Reihe bekannter Firmen (M2) haben sich im Saarland niedergelassen. Einige davon beliefern auch die Ford-Werke Saarlouis.

Um im internationalen Wettbewerb überleben zu können, ist es notwendig, Fertigungsabläufe ständig zu verbessern, zeitlich zu verkürzen und dadurch die Produktivität zu erhöhen. Deshalb praktiziert Ford wie andere Firmen auch das Prinzip der „schlanken Fertigung" (**Lean Production**), welche im Gegensatz zur Massenproduktion steht.

Mit rund 150 Unternehmen und 46 000 Mitarbeitern ist das Saarland das drittgrößte Automobil-Zuliefererzentrum in Deutschland. Forschung und Entwicklung an der Universität des Saarlandes und an der HTW (Hochschule für Technik und Wirtschaft) genießen im Bereich des Automobilbaus weltweit einen sehr guten Ruf. Fahrerassistenzsysteme und die Entwicklung von sicheren Fahrgastzellen, ob Energieeffizienzsysteme oder „Car to car-Kommunikation", das Saarland ist in fast allen Autos weltweit vertreten.

Automotive.saarland präsentiert „neue Saarländer" bei Mercedes-Benz und BMW:
mit Automatikgetrieben von ZF-Saarbrücken, Elektronik und Dieselsystemen von Bosch-Homburg, Abgasreinigungsanlagen von Eberspächer-Neunkirchen, Aluminiumgussteilen von Nemak-Dillingen, Hightech-Entwicklungen von Fraundorfer-St.Ingbert/Saarbrücken und Verbindungselementen von Nedschroef-Fraulautern.

**M2** *Information der „automotive.saarland"*

**M3** *Automobilindustrie im Saarland*

## Wirtschaftsräume in Deutschland

**M4** *Fordwerke Saarlouis mit Supplier Park (siehe Kreuz)*

Die Lean Production erfolgt in Teamarbeit, richtet die Fertigung nach dem Kundenbedarf aus und beseitigt Fehler bereits während der Produktion.

Aus Platz- und Kostengründen wurde die Herstellung vieler Teile an spezialisierte Zulieferindustrien vergeben. Um dieses Prinzip zu optimieren, entstand 1998 in unmittelbarer Nähe der Ford-Fertigungshallen ein **Industriepark**, der „Ford Supplier Park", in dem sich Zulieferbetriebe ansiedelten, die an der Fertigung und Vormontage von Autoteilen arbeiten. Über eine 1 000 Meter lange Elektrohängebahn und durch einen Transporttunnel erfolgen die Lieferungen für eine **Just-in-time (JIT)-Fertigung**: Die Teile werden in der benötigten Ausführung und Baureihenfolge zum richtigen Zeitpunkt an die entsprechenden Fertigungsstationen geliefert. Die unmittelbare Nachbarschaft der Zulieferer bietet eine Reihe von Vorteilen: Wegfall innerbetrieblicher Lagerhaltung, kürzere Transportwege, geringerer Verpackungsaufwand, geringere Produktionskosten, höhere Produktivität und nicht zuletzt eine Entlastung der Umwelt. Das Saarlouiser Industriepark-Konzept ist inzwischen auf die übrigen europäischen Ford-Standorte (Köln, Genk/Belgien, Valencia) übertragen worden.

Die Automobilindustrie ist eine **Schlüsselindustrie**. Im Saarland hängt jeder dritte Industriearbeitsplatz direkt oder indirekt vom Automobil ab. Diese Abhängigkeit birgt aber die Gefahr, dass bei Einbrüchen im Automobilbereich auch die Arbeitsplätze in den abhängigen Branchen gefährdet sind. Deshalb sind neben den Investitionsgüterindustrien im Saarland auch die **Konsumgüterindustrien** wie Keramik-, Nahrungs- und Genussmittelindustrie von Bedeutung.

### Aufgaben

**1** Erläutere den Begriff Lean Production am Beispiel von Ford Saarlouis.

**2** Was bedeutet „Just-in-time-Fertigung"? Welche Vorteile bietet speziell das System des Supplier Parks?

**Merke**
In den Investitionsgüterindustrien sind neue Arbeitsplätze entstanden. Die Automobilindustrie ist mit ihren Zulieferindustrien eine Schlüsselindustrie geworden.

**Grundbegriffe**
- Investitionsgüterindustrie
- Zulieferindustrie
- Lean Production
- Industriepark
- Just-in-Time (JIT)-Fertigung
- Schlüsselindustrie
- Konsumgüterindustrie

# Strukturwandel im Saarland

**M1** *Die alte Kohlenwäsche vor und nach der Restaurierung*

> Die Projektgesellschaft GIU (Gesellschaft für Innovation und Unternehmensförderung mbH) ist eine Gesellschaft der Landeshauptstadt Saarbrücken unter Beteiligung der Stadtwerke. Zu ihren Aufgaben zählt unter anderem die Erschließung und Vermarktung von hochwertigen Gewerbe- und Immobilienstandorten.

**M2** *Die GIU*

## Aufgabe

**1** Erläutere die wirtschaftlichen Entwicklungen und deren Folgen im Saarbrücker Stadtteil Burbach.

### Die Saarterrassen

Der Saarbrücker Stadtteil Burbach war 150 Jahre lang von der Schwerindustrie geprägt. In Zeiten guter Konjunktur arbeiteten in der Burbacher Hütte bis zu 5 000 Beschäftigte. Infolge der Eisen- und Stahlkrise gingen beständig Arbeitsplätze verloren. Nach der Stilllegung der Hütte und der Schließung der Drahtseilfabrik Heckel in den 1980er Jahren stellte 1997 auch das Bundesbahn-Ausbesserungswerk den Betrieb ein. Burbach hatte innerhalb von 20 Jahren alle seine großen Arbeitgeber verloren.

Nach mehreren gescheiterten Versuchen, das Hüttengelände einer neuen Nutzung zuzuführen, übernahm die GIU die weitere Planung und trieb die **Revitalisierung** der **Industriebrachen** voran. Es wurden am Markt orientierte Nutzungskonzepte entwickelt, Erschließungsmaßnahmen durchgeführt und die Sanierung der Altlasten vorangetrieben. So entstanden auf dem Gelände des ehemaligen Hüttenwerkes die Saarterrassen. Kleine und mittlere Unternehmen aus den Bereichen Dienstleistungen, Medien, Telekommunikation und Handwerk konnten dort angesiedelt werden. Heute arbeiten auf dem 60 Hektar großen Areal wieder rund 3000 Menschen.

**M3** *Medienzentrum mit Medienturm*    **M4** *Bürokomplexe auf den Saarterrassen*

## Wirtschaftsräume in Deutschland

◁ **M7** *Das BCC (Business Communication Center) ist ein Zentrum mit Gastronomie für Kontakte, Kommunikation und Information. Im Hintergrund der Förderturm des ehemaligen Alsbachschachtes.*

### Der IT-Park Saarland

Nach der Stilllegung der ehemaligen „Drahtseilfabrik Heckel" hat die Landeshauptstadt Saarbrücken mit der GIU das Gelände mit sämtlichen Industriebrachen erworben und ein **Innovations- und Technologiezentrum** errichtet, um den wirtschaftsstrukturellen Wandel in dieser Region voranzutreiben. Seit 1998 wurde dieses Zentrum erweitert und zum „IT-Park Saarland" ausgebaut, dem bedeutendsten Standort für technologieorientierte Unternehmen im Saarland. 2009 arbeiteten hier rund 1 300 Beschäftigte in über 60 Unternehmen. Dabei handelt es sich sowohl um etablierte Firmen aus den Branchen Informationstechnologie und Medien als auch um Firmen der Existenzgründerszene. Diesen werden kostengünstig kleine Mieteinheiten und Serviceleistungen angeboten. Außerdem können sie die räumliche und fachliche Nähe zu erfolgreichen Unternehmen sowie die Verbindung mit der Universität des Saarlandes und der Hochschule für Technik und Wirtschaft (HTW) nutzen. Das bedeutendste Unternehmen im IT-Park ist die IDS Scheer AG, die mit über 600 Mitarbeitern Software und Dienstleistungen für das Geschäftsprozess-Management in Unternehmen und Behörden anbietet.

### Aufgaben

**2** Beschreibe das Nutzungskonzept auf den Saarterrassen.

**3** Informiere dich im Internet über die im IT-Park Saarland ansässigen Firmen und stelle zusammen, welchen Branchen diese Unternehmen zuzuordnen sind.

---

**Merke**

Mit den Saarterrassen und dem IT-Park Saarland ist es der Stadt Saarbrücken gelungen, Flächen mit Industriebrache einer neuen Nutzung zuzuführen.

**Grundbegriffe**
- Revitalisierung
- Industriebrache
- Innovationszentrum
- Technologiezentrum

---

**M5** *Die „grüne Mitte" des IT-Parks Saarland*

**M6** *Der Hauptsitz der IDS Scheer*

# Strukturwandel im Saarland

**M1** *Zwei Länder – eine Straße B 269 neu/ RN 33*

**M2** *Industrie- und Gewerbegebiet Häsfeld der Gemeinde Überherrn (Ausschnitt)*

## Vom örtlichen Gewerbegebiet zum europäischen Logistikzentrum

Ende der 1960er Jahre wurde in Überherrn das Industrie- und Gewerbegebiet Häsfeld geschaffen, in dem sich zunächst kleinere Betriebe niederließen. Mitte der 1980er Jahre begann dann der Ausbau des Häsfeldes, das heute eine der größten Gewerbe- und Industrieflächen des Saarlandes ist. Neben zahlreichen „gewachsenen" Klein- und Mittelbetrieben verschiedener Branchen haben sich europaweit operierende und expandierende Unternehmen niedergelassen wie das Logistikunternehmen Dachser, die auf dem Sportsektor tätige Firma Amer Sports, die Firma Nordgetreide, die Frühstücks-Cerealien produziert und vertreibt, und die Firmen Johnson Controls und TRW als Zulieferer für die Automobilbranche.

Durch den Bau der grenzüberschreitenden Autobahnanbindung B 269 neu/ RN 33 erhielt das Industrie- und Gewerbegebiet Häsfeld eine optimale Verkehrsanbindung als international bedeutende Produktions- und logistische Verteilstätte. Die neue dreispurige Schnellstraße stellt eine Verbindungsachse zwischen den deutschen Autobahnen A 620 (Saarbrücken) und A 8 (Luxemburg) sowie der französischen Autobahn A 4 (Metz/ Paris – Straßburg) her. Gleichzeitig werden die Gemeinden vom Lkw-Verkehr entlastet: Die Zahl der Kraftfahrzeuge verringert sich von 15 000 täglich etwa um die Hälfte. Von der neuen Straße profitiert auch das Gewerbegebiet Langwies, das zweite große Gewerbegebiet der Gemeinde. Es ist unter anderem Standort der Firma ACÜ, die auf **Logistik** für Fahrzeugbau und Autotransporte spezialisiert ist. Daneben gibt es noch 50 Kleinbetriebe der verschiedensten Sparten. Beide Gewerbegebiete bieten fast 2 000 Arbeitsplätze.

## Aufgaben

**1** Beschreibe die Tätigkeitsbereiche eines Logistikunternehmens.

**2** Welche Voraussetzungen müssen für die Ansiedlung eines Logistikunternehmens gegeben sein?

**3** Informiere dich über die großen Logistikunternehmen in Deutschland (Internet) und beschreibe sie kurz.

**4** Untersuche, ob es in deiner Gemeinde ein Gewerbe- oder Industriegebiet gibt. Welche Firmen sind dort angesiedelt (siehe auch Seiten 12/13)?

**5** Welche Vorteile bringt der Bau der Bundesstraße B 269neu und der Route Nationale RN 33 (M1)?

## Wirtschaftsräume in Deutschland

M3 *Betriebsgelände DACHSER, im Hintergrund das „Warehouse"*

M4 *Hochregal im „Warehouse"*

### Das Euro-Hub – ein europäisches Umschlagzentrum

DACHSER ist ein international tätiges Logistikunternehmen mit weltweit 17 100 Mitarbeitern an 297 Standorten.

Logistik bedeutet nicht nur der Transport von Waren, sondern das Entladen von Containern, das Prüfen der Ware auf Art und Beschaffenheit, das Ein- und Umlagern in spezielle Regale und Behälter, das Etikettieren, das Verpacken der Güter zu neuen Versandeinheiten, das Ausstellen der Frachtpapiere und die Erledigung der Zollformalitäten. Der Kunde kann die Sendungen zu jedem Zeitpunkt verfolgen, beim Transport oder bei der Lagerung, er hat genauen Einblick in die Warenbestände.

Das Unternehmen DACHSER ist seit 2002 in Überherrn und betreibt hier mit dem Euro-Hub einen seiner größten europäischen Warenumschlagplätze. Es verfügt über Lagermöglichkeiten von 30 500 Palettenplätzen, davon 6 000 für Gefahrenstoffe. Im „Warehouse", dem Distributionszentrum mit Hochregalen, können verschiedene Produktgruppen von Industrie- und Handelswaren bis zu Lebensmitteln gelagert werden, da die vier Hallenteile hinsichtlich der Temperatur und der Luftfeuchtigkeit einzeln gesteuert werden.

Die gelagerte Ware wird nach erfolgter Bestellung durch den Kunden über das Netzwerk in die verschiedensten Länder Europas verteilt. Die Waren können innerhalb von 24 Stunden 600 Kilometer weit und innerhalb von 48 Stunden bis über 1 000 Kilometer weit zugestellt werden.

Am Standort Überherrn arbeiten 400 Mitarbeiter. Monatlich werden national 42 000 Sendungen und international 21 000 verschickt, das bedeutet bis zu 2 400 jeden Tag. Das Unternehmen arbeitet mit 120 Dienstleistern aus dem Transportbereich zusammen.

M5 *Eines der Tore für den Wareneingang und Warenausgang*

**Merke**
Im Saarland haben sich aufgrund der guten Verkehrssituation Logistikunternehmen angesiedelt, die europaweit den Warenverkehr organisieren.

**Grundbegriff**
• Logistik

# Verdichtungsraum und ländlicher Raum

**M1** *Verdichtungsraum im Saarland*

---

**Im Verdichtungsraum des Saarlandes**
- leben 74,2 % der Bevölkerung,
- wohnen 695 Einwohner pro km²,
- arbeiten ca. 80 % aller Erwerbstätigen.

**Im ländlichen Raum des Saarlandes**
- leben 25,8 % der Bevölkerung,
- wohnen 189 Einwohner pro km²,
- arbeiten ca. 20 % aller Erwerbstätigen.

---

**M2** *Verdichtungsraum – ländlicher Raum*

## Dünn- und dichtbesiedelte Räume im Saarland

„Früher gab es hier im Saargau in jedem Dorf ein Lebensmittelgeschäft, eine Bäckerei, eine Schule. Heute ist das anders: In Kerlingen gibt es noch einen Bäcker und in Düren und Bedersdorf gar keine Geschäfte mehr. Ein Auto mit den nötigsten Lebensmitteln kommt in die Dörfer; allerdings sind die Waren teuer. Wenn meine Familie Obst, Milch oder Joghurt, Kleidung oder Medikamente braucht, müssen wir nach Wallerfangen oder sogar Saarlouis fahren. In Saarlouis finden wir alles, dort sind die großen Supermärkte, Spezialgeschäfte und dort kann man auch überall tanken. Aber hier oben?!

Wir wollten schon nach Saarlouis umziehen, aber das können wir uns wegen der hohen Mieten bzw. der hohen Baupreise nicht leisten. Deshalb nehmen wir die weiten Wege in Kauf."

Frau Müller, die das erzählt, wohnt in Kerlingen und so wie ihr ergeht es vielen Menschen, die wie sie im Saargau oder im Bliesgau, im Schwarzwälder Hochwald, im südlichen Warndt und in weiten Teilen des Saar-Nahe-Berglandes wohnen. Diese Gebiete zählen zum **ländlichen Raum.** Sie werden hauptsächlich landwirtschaftlich genutzt; Industrie ist nur wenig vorhanden und es gibt somit wenige Arbeitsplätze. Größere Ortschaften findet man kaum, die Bevölkerungsdichte ist sehr niedrig.

Andererseits gibt es im Saarland ein dicht besiedeltes Gebiet, in dem fast alle größeren Städte liegen. Das ist der sogenannte **Verdichtungsraum.** Hier besteht ein großes Angebot an Arbeitsplätzen, überwiegend in der Industrie und in Dienstleistungsbetrieben. Zum Verdichtungsraum gehören das mittlere Saartal (Dillingen bis Saarbrücken), der nordöstliche Teil des Warndts sowie der Saar-Kohlen-Wald.

**M3** *Im Verdichtungsraum (Saarbrücken)*

**M4** *Im ländlichen Raum (Bliesgau)*

## Wirtschaftsräume in Deutschland

## Entstehung des Verdichtungsraumes

Nachdem man an der Saar reiche Steinkohlenvorräte entdeckt hatte, entstanden in der zweiten Hälfte des 19. Jahrhunderts im heutigen Verdichtungsraum Kohlegruben, Kokereien, Eisen- und Stahlwerke sowie Kohlekraftwerke. Die Betriebe der Montanindustrie warben die Bauern der Umgebung durch hohe Löhne und geregelte Arbeitszeiten als Arbeitskräfte an. Anfangs bestellten die Landwirte noch einen Teil ihrer Felder nach der Arbeit in der Industrie. Deshalb nannte man sie **Arbeiterbauern**. Doch nach und nach gaben viele die Landwirtschaft ganz auf und ließen ihre Felder brach liegen. Es erfolgte ein großer Zustrom an Arbeitskräften aus dem ländlichen Raum in den heutigen Verdichtungsraum. Da die meisten in der Nähe ihres Arbeitsplatzes wohnen wollten, entstanden überall im Industriegebiet, aber auch in der näheren Umgebung, neue Wohngebiete. Die Menschen, die sich hier angesiedelt hatten, mussten auch versorgt werden. Geschäfte wurden eröffnet, Schulen gebaut. Bald wurden aus den Siedlungen kleinere Städte, da die Bevölkerungsdichte enorm zunahm.

**M5** *Ehemaliges Schlafhaus der Dillinger Hütte*

Mit der Zeit wurde das Bauland knapp und die Wohnungsmieten stiegen stark an. Dadurch mussten nun zahlreiche Arbeiter aus dem ländlichen Raum weite Wege zu ihrer Arbeitsstelle zurücklegen. Weil die meisten von ihnen zu Fuß unterwegs waren und abends nicht mehr den langen Weg zurückgehen wollten, übernachteten sie in sogenannten Schlafhäusern, die eigens für sie von den Industriebetrieben gebaut wurden. Erst am Wochenende kehrten die Arbeiter wieder zurück zu ihren Familien. Das änderte sich erst, als Eisenbahn- und Straßenbahnlinien gebaut wurden.

**M6** *Überfüllter Parkplatz in Saarlouis*

## Probleme im Verdichtungsraum

Heute erreichen die meisten Berufstätigen aus dem ländlichen Raum ihre Arbeitsstelle mit dem Auto. Sie sind Pendler und fahren am Morgen in den Verdichtungsraum hinein sowie am Abend wieder zurück. Wegen der Pendler steigt vor allem in der Rushhour die Verkehrsdichte; Staus und lange Wartezeiten müssen in Kauf genommen werden, Abgase und Lärm führen zu Umweltbelastungen. In den Städten kommt es zu Parkproblemen, zum einen für die Pendler selbst, zum anderen aber auch für die einkaufende Bevölkerung.

Anfang der 1960er Jahre hatte sich ein Ungleichgewicht zwischen dem Industrieraum und den ländlichen Räumen herausgebildet: Die Bevölkerung in den ländlichen Gebieten war stark zurückgegangen. Viele der ursprünglich noch vorhandenen Versorgungseinrichtungen wurden aufgegeben, weil sie sich nicht mehr rentierten. Die Menschen waren entweder weggezogen oder sie kauften in den großen Geschäften und Supermärkten im Verdichtungsraum ein.

**Merke**
Mit der Industrialisierung entstand im Saarland ein Verdichtungsraum. Im Laufe der Zeit hat sich ein Ungleichgewicht zwischen ihm und dem ländlichen Raum gebildet.

**Grundbegriffe**
- ländlicher Raum
- Verdichtungsraum
- Arbeiterbauer

25

# Verdichtungsraum und ländlicher Raum

> „Aufgabe der Landesplanung ist die zusammenfassende, übergeordnete staatliche Planung für eine den sozialen, ökologischen, wirtschaftlichen und kulturellen Erfordernissen entsprechende nachhaltige räumliche Entwicklung des Landes und seiner Teilräume."
>
> (§1, Saarländisches Landesplanungsgesetz)

**M1** *Gesetzesauszug*

## Aufgaben

**1** a) Welche Landschaften gehören zum Verdichtungsraum bzw. zum ländlichen Raum des Saarlandes (siehe Seite 24)?
b) Gehört dein Heimatort zum Verdichtungsraum oder zum ländlichen Raum?

**2** Nenne Gründe für die Entstehung des Verdichtungsraumes im Saarland (siehe Seite 25).

**3** Suche im Atlas weitere Verdichtungsräume in Deutschland und benenne sie.

## Der Raum muss geordnet werden

Das Ungleichgewicht zwischen Verdichtungsraum und ländlichem Raum im Saarland machte eine gesetzliche Regelung notwendig. Sie soll dafür sorgen, dass die Lebensbedingungen der Bevölkerung im Verdichtungsraum und im ländlichen Raum verbessert und angeglichen werden. Es wurde festgelegt, wie die Räume „geordnet" werden sollen. Die Hauptaufgaben der **Raumordnung** kann man im „Saarländischen Landesplanungsgesetz"(SLPG) nachlesen.

## Zentren müssen kleinere Orte mitversorgen

Die Umsetzung der Maßnahmen zur Förderung des ländlichen Raumes erwies sich als schwierig. Zum einen lagen die Orte im ländlichen Raum sehr weit auseinander und zum anderen waren die Einwohnerzahlen der einzelnen Orte zu niedrig, als dass sich eine ausreichende Ausstattung mit Versorgungseinrichtungen gelohnt hätte. Man beschloss, mit einem System von **Zentralen Orten** Schwerpunkte zu bilden, um die Versorgung der Bevölkerung zu gewährleisten. Bei den Zentralen Orten unterscheidet man: **Oberzentrum**, **Mittelzentrum** und **Unterzentrum**.

Jedem dieser Zentralen Orte ist ein Bereich zugeordnet, der durch sie versorgt wird, und je nachdem, ob ein Ort Oberzentrum, Mittelzentrum oder Unterzentrum ist, verfügt er über entsprechende Versorgungseinrichtungen (M2).

Im Saarland gibt es nur ein Oberzentrum: die Landeshauptstadt Saarbrücken. Mittelzentren gibt es elf. Unterzentren sind alle Gemeinden, die eine Gemeindeverwaltung und darüber hinaus eine umfangreiche Grundversorgungsausstattung besitzen.

| Unterzentrum | Mittelzentrum | Oberzentrum |
|---|---|---|
| Versorgung des Nahbereiches (mindestens 8 000 Einwohner), erreichbar in 30 Minuten | Versorgung des Mittelbereiches (mindestens 30 000 Einwohner), erreichbar in 30–60 Minuten | Versorgung des Oberbereiches (mindestens 100 000 Einwohner), erreichbar in 60–90 Minuten |
| Kindergarten, Grundschule, Sekundarstufe I, praktischer Arzt, Zahnarzt, Apotheke, Einzelhandelsgeschäfte, Supermarkt, Handwerksbetriebe, untere Verwaltungsbehörden (z. B. Gemeindeverwaltung) | *zusätzlich:* Gymnasium, Berufsschule, Fachärzte, Krankenhaus, Stadion, Geschäfte mit vielseitigen Einkaufsmöglichkeiten, höhere Verwaltungsbehörden: Finanzamt, Landratsamt, Amtsgericht u.a. | *zusätzlich:* Hochschulen, Spezialkliniken, Theater, Museen, Großkaufhäuser, größere Banken und Versicherungen, Ministerien |

**M2** *Versorgungseinrichtungen von zentralen Orten*

# Wirtschaftsräume in Deutschland

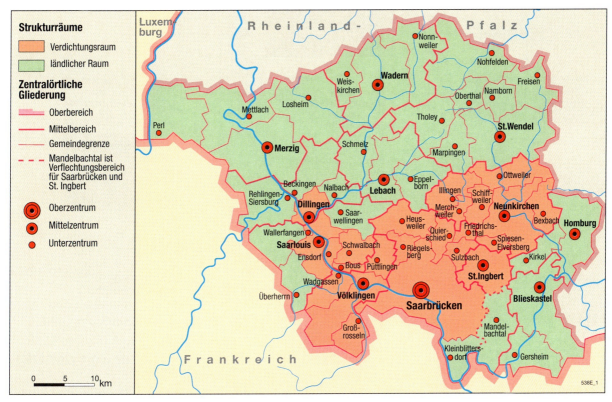

M3 *Zentrale Orte im Saarland*

## Mit dem ÖPNV zum nächsten Zentrum

Damit die Zentralen Orte von jedem Wohnort einfach und in zumutbarer Zeit erreichbar sind, werden das Straßennetz sowie der Öffentliche Personennahverkehr (ÖPNV) ausgebaut. Das saarländische Straßennetz zählt zu den größten und leistungsfähigsten Deutschlands. Rund 7 000 km Straßen sind vorhanden. Mit 710 Pkws pro 1 000 Einwohner liegt das Saarland deutlich über dem Bundesdurchschnitt (620 Pkws).

Kernstück des saarländischen Verkehrskonzeptes ist die Saarbahn, eine Schnellbahn, die sowohl auf Gleisen als auch durch die Stadtstraßen fährt. Neben den 28 Saarbahnfahrzeugen tragen noch etwa 130 Busse die Hauptlast des täglichen öffentlichen Verkehrs. Dazu kommen etwa 60 private Busse, die täglich im Auftrag der Saarbahn fahren. Sie bringen die Menschen aus der Umgebung an die wichtigsten Bahnhöfe. Zeitlich abgestimmte Fahrpläne verhindern lange Wartezeiten. Zur Zeit befährt die Saarbahn die Achse Saarbrücken – Saarguemines – Riegelsberg-Süd.

Bis zum Jahr 2011 soll die Strecke bis nach Heusweiler, später sogar bis Lebach erweitert werden. Dann, so hofft man, wird die Saarbahn große Teile des Pendlerverkehrs aus dem ländlichen Raum übernehmen. 2008 nutzten etwa 40 000 Fahrgäste täglich die Saarbahn.

## Aufgabe

**4** Welches Mittelzentrum bzw. Oberzentrum ist für deinen Wohnort zuständig? Welche Versorgungseinrichtungen haben diese Zentralen Orte?

### Merke
Um das Ungleichgewicht zwischen Verdichtungsraum und ländlichem Raum auszugleichen, sind Maßnahmen zur Raumordnung notwendig, wie die Einrichtung des Systems der Zentralen Orte.

### Grundbegriffe
- Raumordnung
- Zentraler Ort
- Oberzentrum
- Mittelzentrum
- Unterzentrum

# Halle-Leipzig – moderne Betriebe an alten Standorten

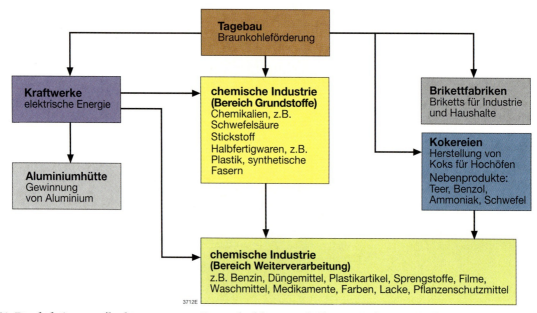

**M1** *Produktionsverflechtungen von Braunkohlen- und Chemieindustrie in der ehemaligen DDR*

**M2** *Lage des Industrieraums Halle-Leipzig*

## Die Industrieregion Halle-Leipzig zur Zeit der DDR

Im Industriegebiet um Halle und Leipzig waren 1989 über 70 000 Menschen in der Energie- und Brennstoffindustrie beschäftigt, das heißt im Braunkohlentagebau, in Brikettfabriken, Kokereien und Kraftwerken. 140 000 Menschen arbeiteten in der chemischen Industrie.

Seit 1958 steigerte die DDR vor allem die chemische Produktion. Für die Herstellung von Benzin, Düngemitteln, Kunststoffen und Chemiefasern brauchte man anfangs die heimische Braunkohle und später zunehmend Erdöl aus der Sowjetunion.

Die Preise für Erdöl stiegen in den 1970er und 1980er Jahren stark an. Deshalb wurde die Förderleistung in den Braunkohlentagebauen erhöht, um weniger Erdöl für die Energie-Erzeugung einkaufen zu müssen.

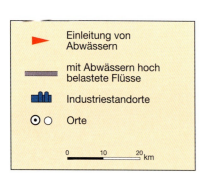

**M3** *Gewässerbelastung in der Region Halle-Leipzig vor 1990*

# Wirtschaftsräume in Deutschland

M4 Der „Silbersee" bei Bitterfeld-Wolffen – ein „Abwasserbecken" der chemischen Industrie zur Zeit der DDR

## Aufgaben

**1** Erläutere die Entwicklung und Verflechtung der chemischen Industrie in der DDR auf der Basis der Braunkohle (M1, Text).

**2** Beschreibe die Ursachen und Folgen der hohen Luft- und Wasserverschmutzung in der Region Bitterfeld (M3, M4, Text).

**3** a) Suche die Standorte der in M5 genannten Kraftwerke im Atlas und beschreibe ihre Lage in Deutschland.
b) Zeichne ein Säulendiagramm zur SO2-Emission (M5; 10 000 t/Jahr ≙ 0,5 cm).
c) Vergleiche die Werte in M5.

Im Laufe der Jahre veralteten die Produktionsanlagen, weil notwendige Um- und Neubauten nicht durchgeführt wurden. Moderne Maschinen aus westlichen Industrieländern konnten wegen fehlender Devisen nicht angeschafft werden. Die Folgen waren mangelnde Qualität der Produkte und eine unvorstellbare Verschmutzung der Umwelt.

40 000 t Staub, 90 000 t Schwefeldioxide ($SO_2$) und 13 000 t Stickoxide rieselten früher jährlich auf die rund 60 000 Einwohner der Region Bitterfeld herab. Das ergab monatlich 500 g Staub auf jeden Quadratmeter.

Hauptverursacher der Luftverschmutzung waren die Chemieindustrie und vor allem deren technisch völlig veralteten Kraftwerke. Sie verfeuerten ohne Filteranlagen die stark schwefelhaltige heimische Braunkohle. Auch die privaten Haushalte benutzten Braunkohlenbriketts zum Heizen.

| Braunkohlen-Großkraftwerke | Kapazität (in Megawatt) | $SO_2$-Emissionen (in 1 000 t/Jahr) |
|---|---|---|
| Boxberg bei Weißwasser | 3520 | 480 |
| Lübbenau-Vetschau | 2500 | 360 |
| Lippendorf-Thierbach bei Leipzig | 1440 | 510 |
| Schwarze Pumpe bei Cottbus | 1050 | 300 |
| zum Vergleich in Nordrhein-Westfalen: Niederaußem | 2700 | 8,0 |
| Weisweiler | 2200 | 7,8 |

M5 Ausstoß von $SO_2$ aus Großkraftwerken 1990

**Merke**
In der DDR verschmutzten die chemische Industrie und Kraftwerke sowohl die Luft als auch die Gewässer sehr stark.

# Halle-Leipzig – moderne Betriebe an alten Standorten

## Info

**Rekultivierung**

Der Begriff bezeichnet die Wiederherstellung einer Landschaft, die zum Beispiel durch den Abbau von Bodenschätzen zerstört wurde. Rekultivierungsmaßnahmen sind unter anderem:
- Beseitigung alter Betriebsanlagen
- Auftragung von Mutterboden
- standortgerechte Bepflanzung
- Anlage künstlicher Gewässer (z. B. Seen)
- Bau neuer Häuser
- Verkehrserschließung (Anlage von Wegen und Straßen)

## Investitionen für die Zukunft: Schaffung neuer Lebensräume

Ein ausgebeuteter Braunkohlentagebau wirkt wie eine Mondlandschaft. Die Bodenzerstörung ist unübersehbar. Nur wenige Büsche stehen auf den Abraumhalden und auf dem Grund der ehemaligen Tagebaufläche. Die Abhänge sind vom Regen zerfurcht. Erdreich und Gestein sind ausgespült worden.

Die ausgekohlten Teile der Braunkohlentagebaue werden auch im Raum Bitterfeld so schnell wie möglich wieder mit Abraum verfüllt. Sie sind zunächst vegetationslos. Später beginnen die gesetzlich vorgeschriebenen Maßnahmen zur **Rekultivierung**, die in der Regel Jahrzehnte dauern. Auf den eingeebneten Flächen gewinnt man durch die Auftragung einer fast zwei Meter dicken Bodenschicht neue landwirtschaftliche Nutzflächen. An Hängen entstehen durch Aufforstung Mischwälder. Aus den Restlöchern werden Seen. Sie dienen als Lebensraum für Tiere und Pflanzen – zum Teil für seltene, geschützte Arten. Hierbei sind die neu angelegten Ufer- und Sumpfzonen von besonderer ökologischer Bedeutung. In diesen Feuchtgebieten finden Tiere Nahrung und Nistplätze.

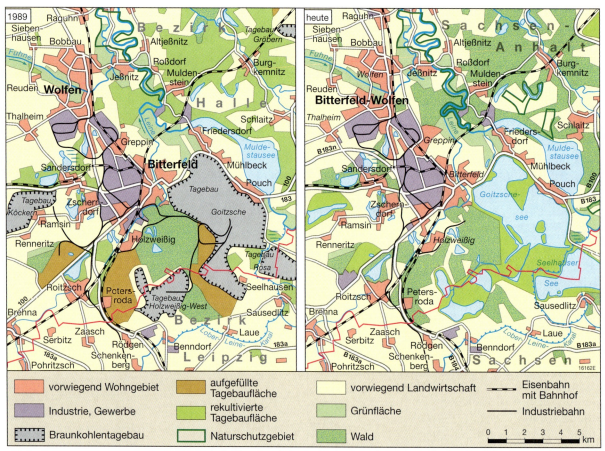

**M1** *Raum Bitterfeld – 1989 (links) und nach den Rekultivierungsmaßnahmen 2006 (rechts)*

# Wirtschaftsräume in Deutschland

M2 *Die Leuna-Raffinerie bei Halle*

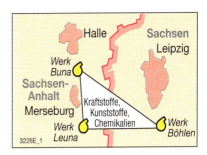

M4 *Das Mitteldeutsche Chemiedreieck*

## Investitionen für die Zukunft: Aufbau moderner Industrieanlagen

Der Raum Halle-Leipzig ist heute einer der bedeutendsten Standorte der Chemieindustrie in Europa. Nachdem nach 1990 große Teile der Betriebe wegen zu geringer Produktivität und extremer Umweltbelastung stillgelegt werden mussten, kam es zu einer Arbeitslosigkeit in der Region von über 30 Prozent. Um die Region wieder aufzuwerten und den Chemie-Standort zu erhalten, beschloss die Bundesregierung ein Förderprogramm. Dieses machte die Modernisierung alter Betriebe und die Gründung neuer Firmen möglich.

Zu diesen Betrieben gehört die Raffinerie Leuna. Sie produziert seit 1997 in neuen Anlagen Kraftstoffe, Heizöl, Bitumen und Chemikalien. Das Werk erfüllt alle Auflagen des Umweltschutzes, zum Beispiel gibt es doppelwandige Tanks und es wird eine Entschwefelung der Rauchgase sowie eine Abwasseraufbereitung vorgenommen.

Auch das Kraftwerk Schkopau bei Halle ist einer dieser modernen Betriebe. Es produziert Elektrizität und Ferndampf, indem es Braunkohle aus dem Tagebau Profen bei Leipzig verarbeitet. Zu seinen Kunden zählen die Chemieindustrie und die Deutsche Bahn.

M3 *Kraftwerk Schkopau bei Halle*

## Aufgaben

**1** Nenne zehn Beispiele für die Veränderungen bei der Flächennutzung im Raum Bitterfeld zwischen 1989 und heute (M1).

**2** Begründe die Notwendigkeit eines Förderprogramms für den Raum Halle-Leipzig.

**3** M2 zeigt die Raffinerie Leuna. Be-schreibe mithilfe des Internets,
a) wie eine Raffinerie funktioniert (www.aral.de, → Aktionen und Specials, → Interessantes für Kids).
b) welche Produkte in der Raffinerie Leuna gewonnen werden (www.infraleuna.de).

**4** Begründe, warum in Schkopau Braunkohle verarbeitet wird (M3, Atlas).

### Merke
Bodenzerstörungen, Umweltverschmutzung und drohende Arbeitslosigkeit machten ab 1990 im Raum Halle-Leipzig eine großräumige Rekultivierung und die Errichtung moderner Betriebe erforderlich.

### Grundbegriff
• Rekultivierung

# Ländliche Räume – Landwirte stellen sich um

M1 *Lage von Paderborn in Nordrhein-Westfalen, dem Standort des Hofes Sprute*

M2 *Familie Sprute vor ihrem Bauernhof*

## Mehr Land, weniger Arbeit – der Wandel des Bauernhofes Sprute

Die Entwicklung des Bauernhofes Sprute bei Paderborn verdeutlicht den Strukturwandel in der deutschen Landwirtschaft. Der Vater bewirtschaftete 1970 einen Hof mit 30 Hektar Nutzfläche zusammen mit seiner Frau und den Eltern als **Vollerwerbsbetrieb**. Vier Personen arbeiteten somit auf dem Hof. Die Nutzung der Betriebsflächen richtete sich danach, was für die Milchviehhaltung als Futter benötigt wurde. Neben Getreide baute man noch Futterpflanzen (Rüben, Kartoffeln) für die Winterfütterung an; Heu war ebenfalls wichtig. Diese Art des Wirtschaftens war sehr arbeitsaufwändig.

Nach dem frühen Tod des Vaters 1993 stellte sich dem Sohn Dirk die Frage nach der Zukunft des Betriebes. Er selbst hatte seine Berufsausbildung schon abgeschlossen und arbeitete als Berater bei der Landwirtschaftskammer, half aber nach Feierabend den Eltern. Er beschloss, den Hof als **Nebenerwerbsbetrieb** weiterzuführen, seinen Beruf also nicht aufzugeben. Da auch seine Ehefrau weiter als Krankenschwester arbeiten wollte, musste der Hof umstrukturiert werden. Die besonders aufwändige Milchviehhaltung wurde aufgegeben; es wurden nur noch Getreide und Bohnen angebaut. Schließlich konnte die Familie nur nach Feierabend, am Wochenende und im Urlaub die notwendigen Arbeiten erledigen.

Die Betriebsstruktur des Hofes unterscheidet sich heute sehr von der im Jahr 1970. Die Abschaffung des Viehs ermöglicht es der Familie Sprute sogar, Urlaub zu machen. Die vor Kurzem auf dem Hof errichtete **Biogasanlage** zeigt, dass weiterhin Veränderungen vorgenommen werden. Durch diese Anlage erzeugen die Sprutes umweltfreundlichen Strom und erzielen zusätzliche Einnahmen.

## Aufgaben

**1** Erkläre den Unterschied zwischen einem Vollerwerbs- und einem Nebenerwerbsbetrieb.

**2** a) Vergleiche die Betriebsstruktur des Hofes von 1970 und 2009 und schreibe die wichtigsten Veränderungen auf (M4).
b) Welche arbeitsaufwändigen Bereiche hat Herr Sprute abgeschafft?

**3** Erörtere die Entscheidung von Herrn Sprute, den elterlichen Hof weiterhin zu bewirtschaften.

# Wirtschaftsräume in Deutschland

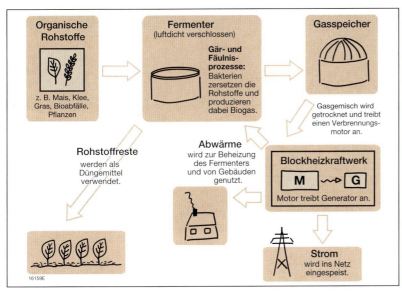

M3 So arbeitet eine Biogasanlage.

## Aufgaben

**4** a) Erkläre die Funktion einer Biogasanlage (M3). Lege dazu eine Stichpunktliste an.
b) Nimm Stellung: Leistet eine solche Anlage einen Beitrag zum Umweltschutz?

**5** Lege eine Tabelle an. Liste darin auf:
a) die Änderungen, die Herr Sprute auf seinem Hof vorgenommen hat.
b) die Auswirkungen dieser Änderungen.

|  | 1970 | 2009 |
|---|---|---|
| Betriebsfläche: davon: | 30 Hektar (ha)<br>15 ha Getreide<br>10 ha Grünland<br>5 ha Futterpflanzen | 100 Hektar (ha)<br>35 ha Getreide/Bohnen<br>15 ha Grünland<br>15 ha Klee-Gras |
| Viehbestand: | 14 Milchkühe,<br>20 Rinder<br>30 Mastschweine<br>50 Legehennen | –<br>–<br>–<br>– |
| Arbeitskräfte: | 4 Vollarbeitskräfte<br>= 4 VAK | 3 Teilzeitarbeitskräfte<br>= 1 VAK |
| Traktoren: | 2 (32 PS und 24 PS) | 2 (130 PS und 105 PS) |

M4 Die Betriebsstruktur des Hofes Sprute 1970 und 2009

M6 Grubber

„Obwohl ich durch Pacht von Ackerflächen meinen Hof vergrößert habe, ist insgesamt nur eine Vollarbeitskraft beschäftigt. Ein Traktorfahrer erledigt die ganze Feldarbeit. Es wird nicht mehr gepflügt, sondern mit einem Grubber gearbeitet. Das geht schneller und verringert die Bodenerosion. Eggen und Säen des Getreides geschieht in einem Arbeitsgang. Das Unkraut bekämpfen wir mit der Egge. Die Getreideernte erledigt ein Nachbar mit seinem Mähdrescher gegen Lohn, nur das Stroh bergen wir selbst. Bei der Versorgung der Biogasanlage am Samstag hilft mir ein Mann aus dem Dorf. Die sonst noch anfallenden Arbeiten erledigen meine Frau und ich in unserer „Freizeit", dabei hilft uns sogar schon unser ältester Sohn, der in Horn zur Schule geht."

M5 Herr Sprute berichtet über die Organisation seines Hofes.

**Merke**
Um den Bauernhof nicht aufgeben zu müssen, wandeln viele Bauern den bisherigen Vollerwerbsbetrieb in einen Nebenerwerbsbetrieb um. Oft werden arbeitsaufwändige Bereiche, zum Beispiel die Milchwirtschaft, aufgegeben.

**Grundbegriffe**
- Vollerwerbsbetrieb
- Nebenerwerbsbetrieb
- Biogasanlage

# Ländliche Räume – Landwirte stellen sich um

**M1** *Traktor mit 12-Schar-Pflug*

|  | 1970 | 2009 |
|---|---|---|
| Weizen | 36 dt | 70 dt |
| Gerste | 37 dt | 60 dt |
| Roggen | 26 dt | 60 dt |
| Kartoffeln | 230 dt | 404 dt |
| Zuckerrüben | 357 dt | 577 dt |

**M2** *Erntemengen je Hektar (ha)*

| | |
|---|---|
| 1910 | 150 Stunden |
| 1935 | 80 Stunden |
| 1950 | 30 Stunden |
| 1970 | 12 Stunden |
| 2009 | <2 Stunden |

**M3** *Arbeitsaufwand für die Ernte von 1 ha Getreide*

## Aufgabe

**1** a) Vergleiche die in M2 dargestellten Erntemengen und die in M3 aufgeführten Arbeitszeiten.
b) Nenne jeweils drei Gründe für die Unterschiede (M2) und Entwicklung (M3).

## Weniger Bauern erzeugen mehr Nahrungsmittel

Die Organisation der Arbeit auf einem Bauernhof hat sich im Laufe der Zeit stark verändert. Vor allem die Erfindung des Verbrennungsmotors ermöglichte diesen Wandel. Traktoren und Maschinen ersetzten Pferde und Menschen bei der Feldarbeit. Diese **Mechanisierung** erhöhte die **Produktivität** in der Landwirtschaft. In den letzten 50 Jahren hat sich diese Entwicklung auf den Bauernhöfen stark beschleunigt.

Neben der immer weiter verbesserten Technik steigerte der Einsatz von Mineraldünger und Pflanzenschutzmitteln ebenso die Erträge wie die Züchtungen neuer und ertragreicherer Pflanzen.

Heute bewirtschaften Bauern immer größere Flächen. Sie halten mehr Tiere als früher, die mehr Milch geben oder schneller ihr Schlachtgewicht erreichen. Futtermischungen werden genau berechnet und den Tieren meist automatisch zugeteilt. Computer sind heute von modernen Bauernhöfen nicht mehr wegzudenken. Diese Entwicklung spart zwar teure Arbeitskräfte ein, die Maschinen kosten aber sehr viel Geld. Der damit verbundene Kostenaufwand zwingt die Bauern zur **Spezialisierung**. Zum Beispiel konzentrieren sie sich ausschließlich auf den Ackerbau, sie halten große Milchkuhherden oder sie mästen Schweine in riesigen Ställen. Viele aber haben auch die Landwirtschaft aufgegeben und ihre Ländereien verpachtet oder verkauft. Die weiterhin ihre Höfe bewirtschaftenden Bauern konnten somit die Betriebe vergrößern.

Dieser Strukturwandel hatte folgende Ursachen: In den vergangenen Jahrzehnten stieg das Durchschnittseinkommen der Arbeitnehmer in Deutschland stark an, die Preise vieler Lebensmittel erhöhten sich aber nicht im gleichen Maße. Um existieren zu können, mussten die Bauern billiger produzieren. Das ging am einfachsten durch Ertragssteigerung, während die Qualität der Erzeugnisse eine untergeordnete Rolle spielte.

## Wirtschaftsräume in Deutschland

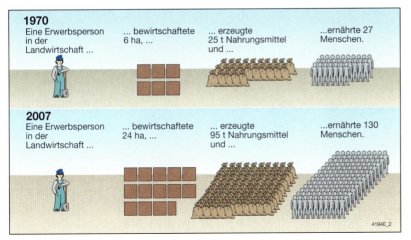

M4 *Veränderungen in der deutschen Landwirtschaft*

### Aufgaben

**2** a) Stelle die in M4 erkennbaren Veränderungen in der deutschen Landwirtschaft dar.
b) Erläutere die Veränderungen mithilfe des Textes auf der linken Seite sowie des Internets (www.ima-agrar.de).

**3** Diskutiert den Text über die Zukunft der Landwirtschaft. Wie sollte sie sich entwickeln? Wie könnten wir diese Entwicklung unterstützen?

## Landwirtschaft im 21. Jahrhundert – wohin führt der Weg?

Die Verbraucher fordern heute von den Bauern eine umweltschonende Landbewirtschaftung. Damit verbunden sind die Pflege der Landschaft, eine artgerechte Tierhaltung und die Erzeugung von guten und „gesunden" Nahrungsmitteln. Diese **ökologische Landwirtschaft** ist mit Kosten verbunden. Gleichzeitig möchten die Verbraucher möglichst günstig einkaufen. So kostet ein Kilogramm Katzenfutter mehr als ein Kilogramm Schweinekotelett. Das Einkommen der Landwirte bleibt seit Jahrzehnten hinter dem Durchschnittseinkommen der übrigen Bevölkerung zurück. Die Bauern haben sich dieser Entwicklung angepasst und beschreiten neue Wege: Manche spezialisieren sich, andere wirtschaften ökologisch und vermarkten ihre Erzeugnisse selbst. Wiederum andere richten auf ihren Höfen Pensionen für „Urlaub auf dem Bauernhof" ein. Viele Bauern bewirtschaften ihre Höfe im Nebenerwerb so wie Landwirt Sprute.

Sicher ist, dass wir auch in Zukunft die Landwirtschaft brauchen.

### Merke
Um existieren zu können, mussten die deutschen Bauern in den letzten Jahrzehnten ihre Produktion steigern. Der Einsatz leistungsstärkerer Maschinen, Neuzüchtungen und die Verwendung von chemischen Düngemitteln ermöglichten dies. Viele Landwirte gaben ihre Höfe auf, da die Kosten dieser Umstrukturierung zu hoch waren. Andere vergrößerten ihre Höfe und spezialisierten sich.

### Grundbegriffe
- Mechanisierung
- Produktivität
- Spezialisierung
- ökologische Landwirtschaft

M5 *Urlaub auf dem Bauernhof*

# Ländliche Räume – Landwirte stellen sich um

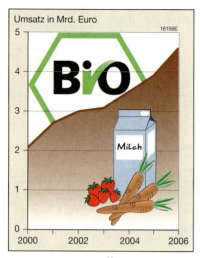

**M1** *Umsatz mit Öko-Lebensmitteln in Deutschland in Mrd. Euro*

**M2** *Was die Bundesbürger mit „Bio" verbinden.*

## Aufgaben

**1** „Öko ist in." Erläutere und begründe (M1, M2).

**2** Vergleiche die Betriebszahlen von Bauern und Öko-Bauern (M3):
a) Erläutere die Kosten, Erträge und Preise.
b) Begründe die unterschiedlichen Gewinne.

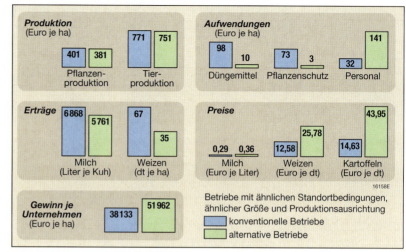

**M3** *Bauern und Ökobauern im Vergleich*

## Grundzüge der ökologischen Landwirtschaft

In der ökologischen Landwirtschaft wird viel Wert darauf gelegt, dass sich Ackerbau und Tierhaltung möglichst ergänzen. Pflanzen und Tiere bilden eine weitgehend natürliche Lebensgemeinschaft.

- *Anbau:* Auf den Feldern werden verschiedene Anbaufrüchte im Wechsel angebaut: im ersten Jahr Weizen, im nächsten Jahr Gerste, im übernächsten Jahr Kartoffeln und im darauffolgenden Jahr Klee. Dadurch werden dem Boden nicht einseitig Nährstoffe entzogen.
- *Bodenbearbeitung:* Der Boden wird nur etwa 20 cm tief gepflügt, aufgelockert und flach gewendet. Die Arbeitsgeräte sind klein und leicht, um den Druck auf den Boden gering zu halten. So bleibt er locker. Das ist wichtig für das Wachstum der Pflanzen.
- *Düngung:* Der wichtigste Dünger ist Stallmist. Aber auch Ernterückstände wie Stroh und Blätter werden zum Düngen genutzt. Sie bleiben auf den Feldern liegen und werden fünf bis acht Zentimeter tief in den Boden eingearbeitet. Etwa alle vier Jahre wird auf den Feldern Klee angebaut. Er wird nicht geerntet, sondern als Gründüngung untergepflügt.
- *Pflanzenschutz:* Es werden keine chemischen Mittel eingesetzt. Der Bio-Bauer entfernt „Unkräuter" zum Beispiel mit einer Hackmaschine oder auch mit der Hand. Gegen Krankheiten oder Insektenbefall spritzt er mit Schwefel oder Kräuterauszügen.

> „Bio" ist mehr als nur der Verzicht auf Pestizide: Der Begriff kann für eine Lebenshaltung stehen. Dazu zählen die gesunde Ernährung (ohne Zusatzstoffe und Rückstände von Pflanzenschutzmitteln), aber auch artgerechte Tierhaltung und schonender Umgang mit den Lebensgrundlagen Wasser, Boden, Luft. „Bio" wird von den Käufern nachgefragt. Das zeigen die stetig steigenden Umsätze von Lebensmitteln aus biologischem Anbau.

**M4** *„Bio" ist nachgefragt.*

# Wirtschaftsräume in Deutschland

M5 *Rapsfelder im Kreis Lippe*

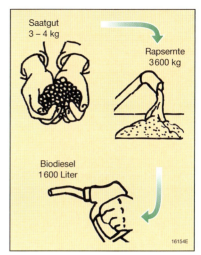

M7 *Biodiesel aus Raps*

## Nachwachsende Rohstoffe

Viele Bauern haben sich auf den Anbau von **nachwachsenden Rohstoffen** umgestellt. Damit bezeichnet man Anbaupflanzen, die nicht zu Nahrungszwecken, sondern als industrielle Rohstoffe genutzt werden. Sie wachsen mithilfe von Sonnenlicht, Wasser und Nährstoffen. Aus Raps und Sonnenblumenkernen lassen sich zum Beispiel hochwertige Öle und **Biodiesel** herstellen. Mais wird zunehmend für die Erzeugung von Ökostrom angebaut.

Der Einsatz dieser Rohstoffe belastet nicht die Luft. Da nichterneuerbare Rohstoffe wie Kohle und Erdöl zunehmend knapper werden, gewinnt die Verwendung von nachwachsenden Rohstoffen immer mehr an Bedeutung. Die Bundesregierung fördert den Anbau durch Subventionen und Garantiepreise. Die Landwirte sehen hier eine Möglichkeit zur Verbesserung ihres Betriebseinkommens. So wurden 2008 bereits auf 20 Prozent der Ackerfläche Deutschlands nachwachsende Rohstoffe angebaut.

### Aufgaben

**3** Ermittele in einem Supermarkt die Preise für Lebensmittel mit und ohne Öko-Siegel. Vergleiche mit M3.

**4** Ist der Anbau und Kauf von Öko-Produkten sinnvoll? Begründe.

**5** Berechne, wie viel Tonnen $CO_2$ durch die Verwendung von Biodiesel in Deutschland eingespart werden, wenn die gesamte Raps-Ernte dafür verwendet würde (Einsparung bei Biodiesel: 3,5 t/ha). M6 und M7 liefern weitere Zahlen.

M6 *Anbauflächen für nachwachsende Rohstoffe in Deutschland*

Nutzung (2008):
- 1 000 000 Raps für Biodiesel/Pflanzenöl
- 500 000 Pflanzen für Biogas
- 250 000 Zucker und Stärke für Bioethanol
- 128 000 Stärke
- 114 000 Ölpflanzen
- 34 000 Sonstiges

### Merke
Ökologischer Landbau und nachwachsende Rohstoffe gewinnen in der deutschen Landwirtschaft immer mehr an Bedeutung. Vor allem Biodiesel und Biogas mit eigener Verstromung sind ein wichtiger Beitrag zum Umweltschutz.

### Grundbegriffe
- nachwachsender Rohstoff
- Biodiesel

# Bodenmais – Aufschwung durch Fremdenverkehr

**M1** *Lage von Bodenmais*

## Vom Bergbaudorf zum Luftkurort im Bayerischen Wald

Landschaft und Natur dieses waldreichen Mittelgebirges waren die Voraussetzung dafür, dass sich in der Region der Fremdenverkehr entwickelten konnte. Die Gemeinde Bodenmais hatte bereits 1960 den Tourismus als Erwerbsmöglichkeit erkannt. Gemeinde, Hoteliers und Privatpersonen investierten viele Millionen. Die Einnahmen aus dem Fremdenverkehr wurden erneut investiert: Das örtliche Straßennetz wurde ausgebaut, neue Baugebiete wurden ausgewiesen und erschlossen. Ein Frei- und Hallenbad, ein Kurhaus und Parkanlagen entstanden. Es folgte der Neubau des Rathauses mit Verkehrsamt und Tiefgarage. Die Anlage eines Kurparks rundete die Bautätigkeiten ab.

1992 bekam der Ort das Prädikat „Heilklimatischer Kurort" durch den Deutschen Heilbäderverband verliehen. Bodenmais wurde innerhalb weniger Jahre zum bekanntesten und meist besuchten Kurort im Bayerischen Wald. Im Jahr 1995 erreichte die Besucherzahl ihren Höhepunkt, doch seitdem sinken die Übernachtungszahlen.

Die Gemeinde Bodenmais steht somit erneut vor einer großen Aufgabe. Sie wird dabei von einer Firma unterstützt, die sich auf die Freizeit- und Tourismusberatung spezialisiert hat.

In den 1950er Jahren war Bodenmais im Bayerischen Wald eine der ärmsten Gemeinden in Deutschland. Arbeitsplätze gab es in der Land- und Holzwirtschaft, der Silbermine oder in den Glashütten. Die Familien versuchten, sich durch Heimarbeit etwas dazuzuverdienen. Fast jeder Dritte war arbeitslos. 20 000 Menschen verließen die Region. 1962 musste die Silbermine geschlossen werden. Jetzt suchte man neue Erwerbsmöglichkeiten.

**M2** *Bodenmais früher*

**M4** *Entwicklung der Übernachtungen in Bodenmais*

**M3** *Bodenmais 1959*

**M5** *Bodenmais 2008*

# Wirtschaftsräume in Deutschland

„Der Tourismus hat für Bodenmais eine sehr große Bedeutung. Die Übernachtungszahlen sinken und die Umsätze in dieser wichtigen Branche gehen zurück. Welche Ursachen haben Sie festgestellt?"

„Es gibt sowohl äußere als auch innere Ursachen. Zu den äußeren Ursachen gehört ein verändertes Nachfrageverhalten der Gäste. So ist festzustellen, dass der Gast immer mehr Qualität zu einem gleichbleibenden Preis erwartet. Der überwiegende Teil unserer Gäste gehört zur Generation ‚50 Plus'. Diese Zielgruppe ist in den vergangenen Jahren ständig mobiler geworden. Auch für Senioren werden Fernreiseziele durch die Billig-Angebote der Airlines immer attraktiver. Deutschland kann bezüglich der Sonnengarantie nicht mit dem Mittelmeer konkurrieren. Daher ist die Konzentration auf den Bereich ‚Hervorragende Qualität zum fairen Preis-Leistungs-Verhältnis' wichtig.
Zu den inneren Ursachen gehört, dass manche Beherbergungsbetriebe etwas spät den Internet-Auftritt für sich entdeckt haben."

„Was kann Bodenmais tun, um wieder attraktiver zu werden?"
„Wir haben festgestellt, dass Angebote dann wahrgenommen werden, wenn sie einen Erlebnis-Charakter haben. So verkauft sich heute ein Produkt wie ‚Neu auftanken beim Nordic-Walking-Urlaub im 4-Sterne-Wellness-Hotel' wesentlich besser als ‚Drei Wochen Urlaub in Bodenmais'. Beim Urlaub geht es um Gefühle, die angesprochen werden müssen.
Weiterhin muss das Angebot für den Gast leicht verständlich sowie schnell und unkompliziert buchbar sein. Es kann nicht angehen, dass der Gast selbst herumtelefonieren muss, um ein freies Zimmer zu bekommen. Diese Arbeit muss die Tourist-Information für ihn erledigen."

**M6** *Corinna Minke (Reporterin) im Gespräch mit Marcus Schüttler (ift Consulting – Freizeit- und Tourismusberatung; Ansprechpartner für die Gemeinde Bodenmais)*

**M8** *Wappen von Bodenmais*

## Aufgaben

**1** Welche Standortfaktoren spielen für die Entwicklung des Fremdenverkehrs im Bayerischen Wald eine wichtige Rolle? Liste sie auf.

**2** Die Gemeinde Bodenmais und der Bayerische Wald haben sich durch den Fremdenverkehr verändert. Erläutere diese Aussage (M2–M5).

**3** Begründe den Rückgang der Zahl der Übernachtungen in den letzten Jahren (M4).

**4** Werte M6 aus und liste Vorschläge zur Erhöhung der Übernachtungszahlen auf.

**5** Bodenmais „4 you". Wie könnte die Gemeinde Bodenmais für junge Leute attraktiv werden? Erstellt ein Konzept.

**M7** *Langlauf auf gut präparierten Loipen*

### Merke
Über 100 000 Gäste besuchten noch vor wenigen Jahren die Gemeinde Bodenmais. Doch seitdem sind die Übernachtungszahlen gesunken. Durch neue Werbemaßnahmen soll die Gemeinde für Übernachtungsgäste wieder attraktiver werden.

## Alles klar? Wirtschaftsräume in Deutschland

### 1. Wirtschaftlich starke und schwache Räume

Versetze dich in die Lage eines Jugendlichen
a) in Frankfurt am Main (Hessen);
b) eines Jugendlichen in Gnoien (Mecklenburg-Vorpommern).
Schildere aus beiden Sichten die räumlichen Disparitäten in Deutschland.

### 2. Die Wirtschaftssektoren

Das Balkendiagramm verdeutlicht die Anteile der Beschäftigten in den drei Wirtschaftssektoren, allerdings fehlt die Beschriftung. Ordne die Anteile den Wirtschaftssektoren zu und begründe deine Zuordnung.

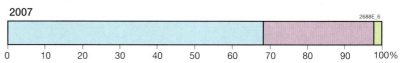

### 3. Industrieräume verändern sich

a) Übertrage die Skizze und ergänze die Standortfaktoren.
b) Erkläre, welcher Standortfaktor bis 1989 für die chemische Industrie in der Industrieregion Halle-Leipzig von besonderer Bedeutung war.
c) Nenne mindestens vier Rekultivierungsmaßnahmen.
d) Erläutere die Maßnahmen zur Modernisierung der Industrieanlagen in der Industrieregion Halle-Leipzig.
e) Subventionen sind heute ein wichtiger Standortfaktor. Zeige dies an einem Beispiel auf.
f) Erkläre die Begriffe „JIT-Fertigung" und „Lean Production".

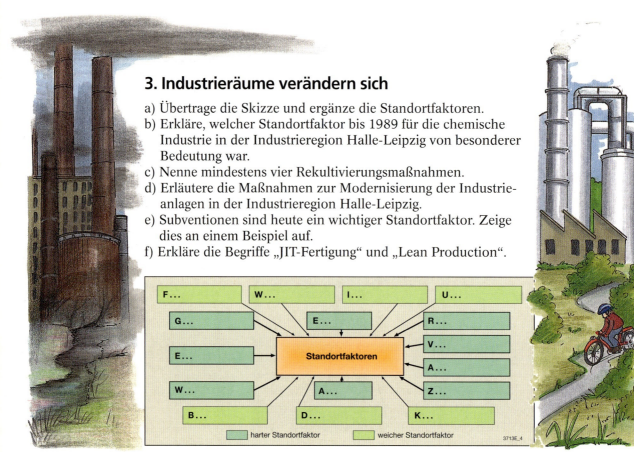

# Alles klar?

## 4. Strukturwandel im Saarland

Schreibe einen Bericht über den Strukturwandel im Saarland. Beziehe die folgenden Begriffe und Satzteile in der richtigen Reihenfolge mit ein:

Kohlenkrise. Stahlkrise. Logistikunternehmen. Billige Steinkohle und Umstellung auf Erdöl. Zechensterben. Arbeitslosigkeit. Automobilindustrie mit ihren Zulieferindustrien. Modernisierung von Bergwerken. Überangebot von Eisen und Stahl auf dem Weltmarkt. Weniger Arbeitskräfte im Bergbau benötigt. Monostruktur. Mischstruktur. Diversifizierung. Investitionsgüterindustrie. Konsumgüterindustrie. Montanindustrie. Verstärkte Verwendung von Kunststoffen. Sinkende Nachfrage nach Stahl. Rückgang der Kohlenförderung. Sinkende Stahlpreise. Konzentration, Modernisierung und Spezialisierung der Hüttenwerke. Schlüsselindustrie. Revitalisierung von Industriebrachen. Innovations- und Technologiezentren.

### Grundbegriffe

- Bruttoinlandsprodukt (BIP)
- primärer Sektor
- sekundärer Sektor
- tertiärer Sektor (Dienstleistungssektor)
- Outsourcing
- Strukturwandel
- Standortfaktor
- Subvention
- Wirtschaftförderung
- Montanindustrie
- Monostruktur
- Kohlenkrise
- Diversifizierung
- Eisen- und Stahlkrise
- Investitionsgüterindustrie
- Zulieferindustrie
- Lean Production
- Industriepark
- Just-in-Time (JIT)-Fertigung
- Schlüsselindustrie
- Konsumgüterindustrie
- Revitalisierung
- Industriebrache
- Innovationszentrum
- Technologiezentrum
- Logistik
- ländlicher Raum
- Verdichtungsraum
- Arbeiterbauer
- Raumordnung
- Zentraler Ort
- Oberzentrum
- Mittelzentrum
- Unterzentrum
- Rekultivierung
- Vollerwerbsbetrieb
- Nebenerwerbsbetrieb
- Biogasanlage
- Mechanisierung
- Produktivität
- Spezialisierung
- ökologische Landwirtschaft
- nachwachsender Rohstoff
- Biodiesel

## 5. Landwirtschaft im Wandel

a) „Die deutsche Landwirtschaft hat sich gesundgeschrumpft". Notiere, was mit dieser Aussage gemeint ist.

b) Ein Landwirt ernährt heute mehr Menschen als ein Landwirt früher. Liste die Veränderungen in der Landwirtschaft auf, die dies ermöglicht haben.

c) Verfasse ein Interview zwischen einem Befürworter und einem Gegner der ökologischen Landwirtschaft.

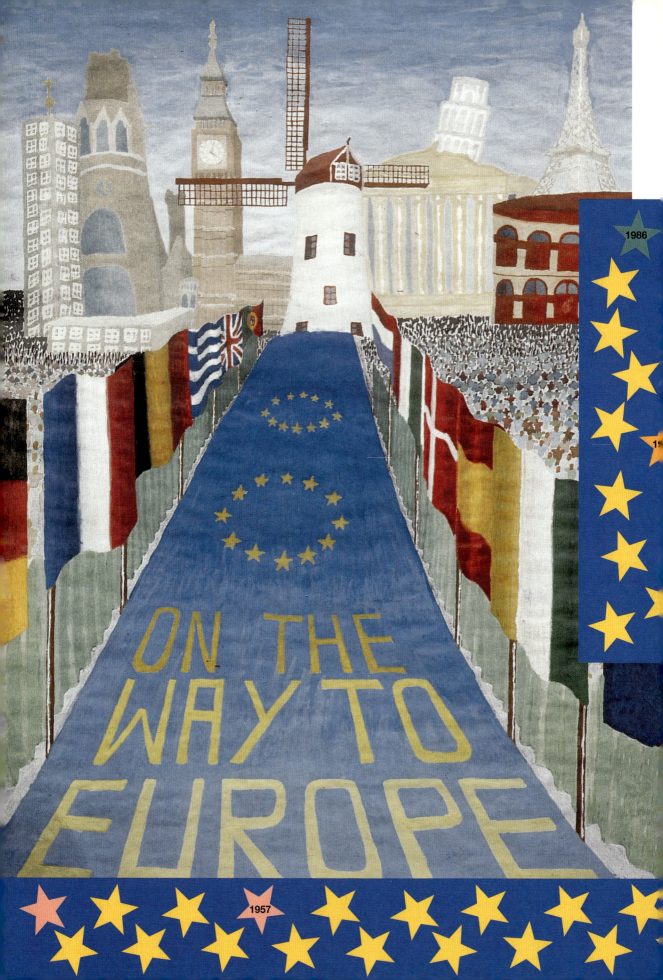

# Die Europäische Union

Der Kontinent Europa

Staaten und Entwicklung der EU

So arbeitet die EU

Die Wirtschaftsgemeinschaft

Eine thematische Karte entwerfen

Hilfen für benachteiligte Gebiete

Zusammenarbeit – grenzenlos

# Der Kontinent Europa

*Nach einer Sage war Europa eine Königstochter in Asien. Sie war so schön, dass der Göttervater Zeus sich in sie verliebte. Zeus verwandelte sich in einen Stier und entführte die Königstochter auf seinem Rücken von Asien auf eine europäische Insel. Dort lebte sie als Königin an seiner Seite. Der ganze Kontinent sollte ihren Namen tragen: Europa.*

**M1** *Sage von der Entstehung Europas*

## Aufgaben

**1** Bestimme den Namen des heutigen Staates, aus dem Europa entführt wurde, das Meer, über das der Weg führte, und die Insel, auf der sie ankam (M3; Atlas, Karte: Südosteuropa/Türkei – physisch).

**M2** *Die Lage Europas*

**M3** *Der Weg der Entführung der Königstochter Europa*

## Europa – Lage und Abgrenzung

Der Name Europa stammt vermutlich von dem asiatischen Wort „ereb" (dunkel). Europa liegt von Asien aus im Westen, dort „wo die Sonne abends untergeht". Es ist das „Abendland". Mit rund 10 Mio. km² Landfläche ist Europa nach Australien der kleinste Kontinent.

Im Gegensatz zu den anderen Kontinenten, die nach allen Himmelsrichtungen klar abgegrenzt sind, ist der Kontinent Europa Teil des Doppelkontinents **Eurasien**.

Nach Norden, Westen und Süden hin wird Europa vom Europäischen Nordmeer, dem Atlantischen Ozean und dem Mittelmeer begrenzt. Als Grenze nach Osten und Südosten gelten das Uralgebirge, der Fluss Ural, die Manytschniederung und die Meerenge des Bosporus. Die Straße von Gibraltar trennt im Südwesten Europa von Afrika (siehe Atlas, Karte: Europa – physisch).

# Die Europäische Union

## Europa – vielfältig gegliedert

Kein anderer Erdteil ist so stark gegliedert wie Europa. Meere und Meeresbuchten haben sich tief in das Festland eingeschnitten. Interessante Landformen sind dabei entstanden. So gleicht die Halbinsel von Skandinavien in Nordeuropa einem „Bären". Im Mittelmeerraum bilden die Länder Spanien und Portugal eine „Faust". Italien sieht aus wie ein „Stiefel".

Viele Inseln sind dem europäischen Festland vorgelagert, so zum Beispiel die Britischen Inseln.

Auch die Oberflächenformen Europas sind sehr unterschiedlich. Es gibt sowohl tief gelegene Gebiete als auch Gebirge. Mit Bergen von über 3 000 Meter Höhe bilden die Pyrenäen und die Alpen die Grenze zwischen Mittel- und Südeuropa. Die Karpaten sind das große Gebirge in Südosteuropa.

Alpenraum
Staaten: _____

Skandinavien
Staaten: Norwegen, Schweden, Finnland, Russland (Halbinsel Kola)

**M5** *Steckbriefe zu Europa*

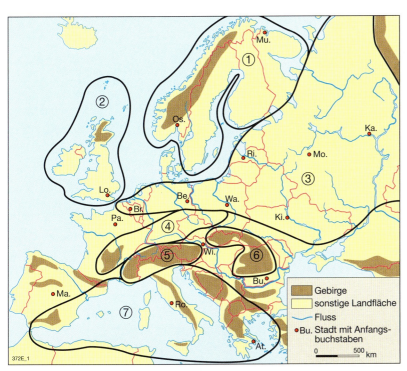

**M4** *Großräume in Europa*

## Aufgaben

**2** Ordne den in M4 eingezeichneten Großräumen und Landschaften Europas den richtigen Namen zu. Hier die Namensliste: Alpenraum, Mittelmeerraum, Skandinavien, mittel- und osteuropäisches Tiefland, Britische Inseln, Karpatenraum, europäische Mittelgebirge (Atlas, Karte: Europa – physische Übersicht).

**3** Erstelle zu folgenden Teilräumen Europas Steckbriefe wie in M5 (M4; Atlas, Karte: Europa – Staaten): Skandinavien, Alpenraum, Karpatenraum, Britische Inseln, Mittelmeerraum.

### Merke
Der Kontinent Europa ist der westliche Teil des Doppelkontinents Eurasien. Die Grenze zwischen Europa und Asien bilden das Uralgebirge und der Fluss Ural.

**Grundbegriff**
- Eurasien

# Staaten und Entwicklung der EU

M1 *Lage der EU auf der Erde*

## EU – Einheit in Vielfalt

„In Vielfalt vereint", so lautet der Wahlspruch der **Europäischen Union (EU)**. Die EU ist ein Zusammenschluss von Staaten. Mehr als die Hälfte der europäischen Staaten gehört dazu.

Das Bündnis entstand 1957 als „Europäische Wirtschaftsgemeinschaft (EWG)" und war eine Folge des Zweiten Weltkriegs. Der Gedanke einer europäischen Einigung sollte verhindern, dass in Europa jemals wieder Staaten Krieg gegeneinander führen. Der Frieden in Europa sollte gesichert werden.

Die EU hat heute ein starkes Gewicht in der Welt. Sie vertritt mit einer gemeinsamen Stimme ihre Interessen gegenüber anderen Mächten wie zum Beispiel den USA oder China, besser als es jeder einzelne Staat alleine könnte. Die EU versteht sich aber nicht als neuer Staat, der an die Stelle der bestehenden Mitgliedstaaten tritt. Sie bewahrt auch die Vielfalt an Sprachen, Religionen und kulturellen Traditionen aller EU-Mitglieder als gemeinsame Werte.

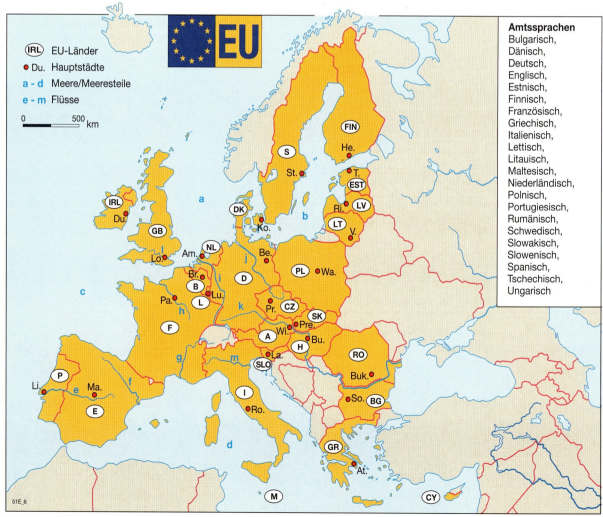

M2 *Übungskarte Europäische Union*

# Die Europäische Union

### Die Europaflagge

Sie ist das Symbol der Europäischen Union und der Einheit Europas. Der Kreis der zwölf goldenen Sterne steht für die Verbundenheit der Völker Europas. Die Zahl Zwölf wurde gewählt, weil sie seit jeher für Vollkommenheit und Einheit steht.

**M3**

### Die Europahymne: „Ode an die Freude" (volkstümlich: „Freude schöner Götterfunken")

Die Europahymne ist der Neunten Symphonie Ludwig van Beethovens von 1823 entnommen. Für den letzten Satz dieser Symphonie vertonte Beethoven ein 1785 entstandenes Gedicht von Friedrich Schiller, das den Wunsch nach Brüderlichkeit unter allen Menschen ausdrückt. Die Hymne erklingt bei vielen Veranstaltungen.

**M4**

## Aufgaben

**1** a) Ermittle die Namen der EU-Staaten in der Übungskarte (M2, Atlas).
b) Ergänze die Namen der Hauptstädte.
c) Bestimme Meere/Meeresteile und Flüsse.

**2** Notiere zu den Ländernamen der EU-Mitglieder das Beitrittsjahr zur Gemeinschaft (Seiten 42/43).

**3** Rechne die Fläche und die Bevölkerungszahl der EU im Vergleich zu Gesamteuropa in Prozentwerte um (M6).

**4** Erstelle Ländersteckbriefe zu den neueren Mitgliedstaaten 2004 und 2007 (Internet: www.europa.eu.int; Länderlexika).

**5** Projekttipp: „Die EU-Mitgliedstaaten, die 2004 und 2007 in die EU eintraten" (Seite 43).

## Schlüsseljahre für Europa

2004 und 2007 waren wichtige Jahre in der über 50-jährigen Erfolgsgeschichte der europäischen Einigung.

2004 traten zehn neue Staaten in Dublin feierlich der Europäischen Union bei. Diese fünfte Erweiterung seit ihrer Gründung 1957 war in Bezug auf die Zahl der Beitrittsländer und ihre kulturelle Vielfalt bisher die umfangreichste in der EU. 2007 erweiterte sich die EU mit dem Beitritt Rumäniens und Bulgariens nach Südosteuropa.

Jeder europäische Staat kann grundsätzlich den Antrag zur Aufnahme in die Europäische Union stellen. Die Kandidaten müssen jedoch bestimmte Beitrittsbedingungen erfüllen. Dazu zählen zum Beispiel das Bekenntnis zu den Grundsätzen der Freiheit und der Demokratie sowie die Achtung der Menschenrechte und der Prinzipien der Rechtsstaatlichkeit.

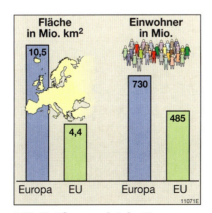

**M5** *Sonderbriefmarke zur EU-Erweiterung am 1. Mai 2004*

**M6** *Größenvergleich: Europa und die EU*

### Merke
Die Europäische Union (EU) ist ein Staatenbündnis, das 1957 als Europäische Wirtschaftsgemeinschaft (EWG) gegründet wurde. Es hatte zum Ziel den Frieden in Europa dauerhaft zu sichern.

### Grundbegriff
• Europäische Union (EU)

# So arbeitet die EU

## Aufgaben

**1** Bestimme das Entscheidungsgremium, das die allgemeinen politischen Grundsatzentscheidungen und die langfristige Politik in der EU festlegt (M3).

**2** Nenne die Organe der Europäischen Union und ihre Aufgaben beim Zustandekommen einer Richtlinie (M1).

**3** Werte die Karikatur (M2) aus.

**M2** „Mutter Europa und ihre Kinder"

## EU – Politische Zusammenarbeit in Europa

Jedes einzelne EU-Mitglied will, dass „Mutter Europa" ihm ein spezielles Essen kocht. So kommt es, dass jeder EU-Richtlinie oft ein langer politischer Prozess vorangeht. Die politischen Entscheidungen werden in Institutionen erarbeitet und verabschiedet, die mit bestimmten Rechten und Pflichten ausgestattet sind. Sie erfüllen den demokratischen Grundsatz der Gewaltenteilung: in Legislative (gesetzgebende Gewalt), Exekutive (vollziehende Gewalt) und Judikative (richterliche Gewalt).

**M1** Beispiel für den Weg einer EU-Richtlinie

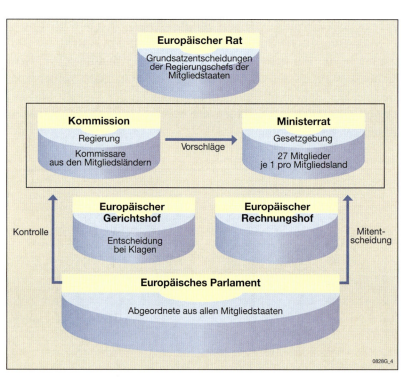

**M3** Institutionen der Europäischen Union

# Die Europäische Union

M4 *Sitzungssaal des Europa-Parlaments*

## Aufgaben

**4** Bestimme nach den Texten A–F in M6 die einzelnen Organe der EU (M3).

**5** Ermittle in M5 die drei Städte, in denen die abgebildeten EU-Organe ihren Sitz haben (Atlas).

**6** Finde mithilfe des EU-Jugendportals im Internet heraus (www.europa.eu.int/youth), welche Möglichkeiten sich für Jugendliche in der EU bieten.

(A) Sitz der EU-Kommission und des Ministerrats

(B) Sitz des Europäischen Gerichtshofs

(C) Sitz des Europäischen Parlaments

M5 *Sitze wichtiger Institutionen der EU*

### Aufgaben der EU-Organe

**A** Er ist der oberste „Rat" der EU. Er setzt sich aus den Staats- und Regierungschefs der EU-Staaten, den Außenministern und dem Präsidenten der Europäischen Kommission zusammen. Mindestens zweimal im Jahr findet dieses „Gipfeltreffen" statt.

**B** An der Spitze dieses Organs sitzen Richter. Sie fällen Urteile bei Verstößen gegen vereinbarte EU-Gesetze und Richtlinien. Sie wachen darüber, dass das EU-Recht von allen 27 Mitgliedern angewandt wird.

**C** Dieses Organ legt die Leitlinien und Ziele der EU-Politik fest. Die Fachminister der Mitgliedstaaten treffen sich, um über Gesetze der EU zu beraten und abzustimmen.

**D** Seit 1979 wählen die Bürgerinnen und Bürger in den EU-Staaten alle fünf Jahre Abgeordnete. Sie sollen die Interessen der EU-Bürger in einem Parlament vertreten.

**E** Eine besondere Rolle spielt das „Kontrollorgan" der EU. Es ist das „finanzielle Gewissen" und kontrolliert die Einnahmen und Ausgaben in der Europäischen Union.

**F** Dieses Organ wird oft auch als die „Regierung" der EU bezeichnet. Fachleute entwerfen hier Gesetze und überwachen ihre Durchführung in den Mitgliedsländern.

M6 *EU-Institutionen-Rätsel*

**7** Beurteile den Aufbau der EU und die Voraussetzungen für die Zusammenarbeit.

### Merke
In der EU herrscht das Prinzip der Gewaltenteilung. Es gibt Organe der gesetzgebenden, der ausführenden und der richterlichen Gewalt. Die Leitlinien der EU-Politik legt der Europäische Rat fest.

### Grundbegriffe
- Europäischer Rat
- Europäische Kommission
- EU-Ministerrat
- Europäischer Gerichtshof
- Europäischer Rechnungshof
- Europäisches Parlament

# Die Wirtschaftsgemeinschaft

M1 *Binnenmarkt mit Hindernissen?*

## Aufgaben

**1** Erkläre den Begriff „Binnenmarkt" (Text, M1).

**2** Welche Auswirkungen kann der EU-Binnenmarkt haben (M2)?

**3** a) Nenne Schwerpunkte der gemeinsamen Agrarpolitik im Wandel der Zeit.
b) Erkläre M3 mithilfe von M4.

## Der Europäische Binnenmarkt

Die Verwirklichung des **EU-Binnenmarktes** ist eine der wichtigsten Stationen des europäischen Einigungsprozesses.

Mit rund 460 Millionen Konsumenten ist die Europäische Union der größte Wirtschaftsraum der Welt. Wirtschaftlich gesehen sind die daran beteiligten Staaten mit einem großen Land vergleichbar, in dem überall ungehindert Handel betrieben werden kann und das nur gegenüber Nicht-EU-Staaten (Drittländern) „Außenzölle" erhebt.

Außerdem bemüht man sich innerhalb des Binnenmarktes auch um eine Angleichung der Steuern und der unterschiedlichen Vorschriften. Sie machen es den Unternehmen schwer, mit ihren Produkten auch jenseits der eigenen Landesgrenzen Fuß zu fassen (z.B. Vorschriften zur Ausrüstung von Neuwagen oder über die Zusammensetzung von Wurst).

Die Einrichtung des Binnenmarktes hat schon in den ersten zehn Jahren große Erfolge gezeigt: So hat der Handel innerhalb der EU erheblich zugenommen (bei Fertigwaren um 30 %) und die Zahl der Arbeitskräfte ist allein wegen des Binnenmarktes EU-weit um 2,5 Millionen gestiegen. Der Handel mit Drittländern konnte fast verdoppelt werden.

## Die Gemeinsame Agrarpolitik

Die EU ist weltweit der größte Importeur und nach den USA der zweitgrößte Exporteur von Agrarprodukten. Um diesen wichtigen Sektor der Wirtschaft zu stärken, verfolgen die Staaten der EU seit Jahrzehnten eine **Gemeinsame Agrarpolitik (GAP)**. Bis zum Jahr 2000 lag der Schwerpunkt dieser Politik vor allem auf der Produktionssteigerung und der Sicherung der Nahrungsmittelversorgung. Heute wird ein verstärktes Augenmerk auf den Anbau qualitativ hochwertiger Erzeugnisse, die Produktion nachwachsender Rohstoffe wie Raps und Flachs sowie auf den Landschaftsschutz gelegt. Um dies zu gewährleisten, werden die land-

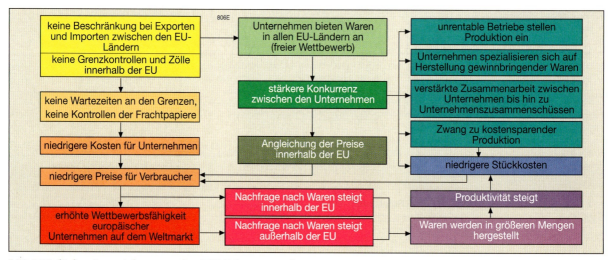

M2 *Mögliche Auswirkungen des EU-Binnenmarktes*

## Die Europäische Union

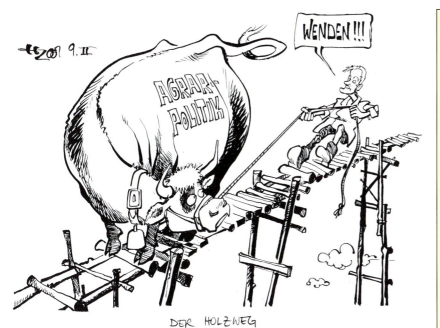

**M3** *Karikatur*

wirtschaftlichen Betriebe mit Subventionen unterstützt. Diese können im Extremfall 50 Prozent des Betriebseinkommens ausmachen.

Die Anbaupalette innerhalb der EU ist weit gefächert. Führend auf dem Weltmarkt sind die EU-Staaten beim Export von Olivenöl, Fleisch, Wein und zahlreichen Spirituosen. Als Markt für Importe ist die EU der bei weitem größte Abnehmer von Produkten aus den Entwicklungsländern, denen man einen zollfreien Zugang zum europäischen Binnenmarkt gewährt. Dahinter steht die Überzeugung, dass man im Rahmen der weltweiten Zusammenarbeit auch die besonders armen Länder fördern muss, weil nur so neue Märkte für die Produkte aus Europa entstehen können.

> Die Gemeinsame Agrarpolitik der EU (GAP) ist seit Jahrzehnten heftig umstritten. Wichtigste Kritikpunkte waren, dass zu große Teile des Agrarhaushaltes (2005 knapp 50 % = ca. 50 Mrd. Euro) für Subventionen ausgegeben würden, die letztlich zu Produktionssteigerungen und zur Überschussproduktion führten. Die EU reagierte auf die Probleme mit zahlreichen Korrekturen der GAP.
> So einigten sich die EU-Landwirtschaftsminister Ende 2008 darauf, dass die Bauern ab 2013 zehn Prozent weniger Direktzahlungen erhalten. Tiefgreifende Reformen waren und sind jedoch wegen der unterschiedlichen Interessen der Mitgliedstaaten und von Interessenverbänden (z. B. Bauern, Verbraucher, Industrie) nur schwer durchzusetzen.
> Im Zuge der 2003 begonnenen Reform beschloss man unter anderem, die Agrarsubventionen künftig nicht mehr an die Produktionsmenge zu binden sowie die Agrarpreise zu senken und dadurch den Weltmarktpreisen anzunähern.

**M4** *Zankapfel GAP*

---

In den ersten 15 Jahren seines Bestehens hat der EU-Binnenmarkt
- zu einem zusätzlichen Wohlstand geführt, der fast 900 Mrd. € umfasst;
- zu neuen ausländischen Direktinvestitionen aus Ländern außerhalb der EU beigetragen;
- die EU international wettbewerbsfähiger gemacht. Beispielsweise konnten Firmen aus der EU ihre Exporte in Drittländer mehr als verdoppeln;
- durch Druck auf die Preise die Kaufkraft verbessert. Der Abstand zwischen den höchsten und den niedrigsten Preisen in der EU hat sich verringert; einige Waren sind in absoluten Zahlen billiger geworden.

**M5** *Tatsächliche Auswirkungen des EU-Binnenmarktes*

### WWW
Mehr über den Binnenmarkt erfährst du unter:
http://ec.europa.eu/internal_market/index_de.htm

**Merke**
Der EU-Binnenmarkt und die Gemeinsame Agrarpolitik sind wichtige Elemente der Wirtschaftsgemeinschaft.

**Grundbegriffe**
- EU-Binnenmarkt
- Gemeinsame Agrarpolitik (GAP)

# Gewusst wie

## Eine thematische Karte entwerfen

**Wir zeichnen eine Karte zum Thema:
Die EU – Wirtschaftskraft der Mitgliedstaaten**

Die Tabelle M1 zeigt dir die Wirtschaftskraft der einzelnen EU-Mitgliedstaaten. Diese wird mit dem Bruttoinlandsprodukt (BIP) pro Einwohner angegeben.

Nach dieser Tabelle kannst du schrittweise eine thematische Karte zeichnen. Sie verschafft dir einen räumlichen Überblick darüber, welche der 27 EU-Mitglieder wirtschaftlich stärker und welche schwächer sind.

In der Tabelle M1 sind die 27 EU-Staaten in alphabetischer Reihenfolge aufgeführt und nicht in der Rangfolge von wirtschaftlich schwach bis wirtschaftlich stark. Um diese Abfolge zu ersehen, ist es von Vorteil, die Tabelle nach den Zahlen zur Wirtschaftsstärke umzuschreiben. Dies ist hilfreich, um die Wertstufen (siehe M3) zur Wirtschaftskraft zu bilden.

| BIP pro Einwohner (in €) | |
|---|---|
| Belgien | 23 000 |
| Bulgarien | 6 800 |
| Dänemark | 25 600 |
| Deutschland | 22 500 |
| Estland | 12 100 |
| Finnland | 22 900 |
| Frankreich | 21 500 |
| Griechenland | 16 400 |
| Großbritannien | 22 400 |
| Irland | 29 900 |
| Italien | 21 000 |
| Lettland | 9 400 |
| Litauen | 10 500 |
| Luxemburg | 51 400 |
| Malta | 14 600 |
| Niederlande | 22 700 |
| Österreich | 24 600 |
| Polen | 9 600 |
| Portugal | 14 200 |
| Rumänien | 6 500 |
| Schweden | 22 000 |
| Slowakei | 11 800 |
| Slowenien | 16 000 |
| Spanien | 19 400 |
| Tschechien | 13 500 |
| Ungarn | 12 400 |
| Zypern | 15 600 |

**M1** *Die Wirtschafskraft in den EU-Ländern 2007 (Länder in alphabetischer Reihenfolge)*

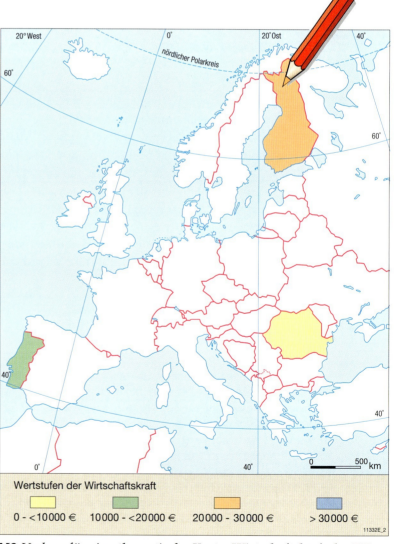

**M2** *Vorlage für eine thematische Karte: Wirtschaftskraft der EU-Mitgliedstaaten*

## Die Europäische Union — Gewusst wie

### Gestalte deine thematische Karte so:

1. Zeichne die Umrisse der EU-Mitgliedstaaten auf Transparentpapier und ergänze die Hauptstädte.

2. Erstelle nach den Zahlenangaben in M1 geeignete Zahlengruppen, um die Wirtschaftskraft der einzelnen Staaten unterscheiden zu können. Gehe dazu folgendermaßen vor: Schau dir den höchsten und den niedrigsten Zahlenwert sowie die Verteilung der dazwischen liegenden Zahlenwerte an. Bilde dann Zahlengruppen.

3. Lege eine Tabelle an: Die einzelnen Spalten erhalten als Überschrift die von dir unter 2. festgelegten Zahlenwerte. Färbe dann die Zahlengruppen unterschiedlich ein. Im vorliegenden Beispiel sind die Länder der EU in vier Zahlengruppen aufgeteilt.

| B | 8,6 | M | 7,2 |
|---|---|---|---|
| BG | 10,7 | NL | 6,5 |
| DK | 3,8 | A | 5,1 |
| D | 9,2 | PL | 17,8 |
| EST | 7,9 | P | 7,6 |
| FIN | 8,4 | RO | 5,9 |
| F | 9,8 | S | 5,9 |
| GR | 10,4 | SK | 16,2 |
| GB | 4,7 | SLO | 6,1 |
| IRL | 4,4 | E | 9,2 |
| I | 7,8 | CZ | 7,9 |
| LV | 8,7 | H | 7,2 |
| LT | 8,3 | CY | 4,9 |
| L | 4,5 | | |

**M4** *Arbeitslosigkeit in der EU 2007 (in %)*

| 0 – < 10 000 € | | 10 000 – < 20 000 € | | 20 000 – 30 000 € | | > 30 000 € | |
|---|---|---|---|---|---|---|---|
| Rumänien | 6 500 € | Litauen | 10 500 € | Italien | 21 000 € | Luxemburg | 51 400 € |
| Bulgarien | 6 800 € | Slowakei | 11 800 € | Frankreich | 21 500 € | | |
| Lettland | 9 400 € | Estland | 12 100 € | Schweden | 22 000 € | | |
| Polen | 9 600 € | Ungarn | 12 400 € | Großbrit. | 22 400 € | | |
| | | Tschechien | 13 500 € | Deutschland | 22 500 € | | |
| | | Portugal | 14 200 € | Niederlande | 22 700 € | | |
| | | Malta | 14 600 € | Finnland | 22 900 € | | |
| | | Zypern | 15 600 € | Belgien | 23 000 € | | |
| | | Slowenien | 16 000 € | Österreich | 24 600 € | | |
| | | Griechenland | 16 400 € | Dänemark | 25 600 € | | |
| | | Spanien | 19 400 € | Irland | 29 900 € | | |
| 4 Länder | | 11 Länder | | 11 Länder | | 1 Land | |

**M3** *Tabelle: Zahlengruppen der EU-Staaten nach der Wirtschaftskraft (BIP pro Einwohner)*

4. Je nach der Gruppenzugehörigkeit in der Tabelle kannst du nun die EU-Staaten nach und nach in deiner Kartenskizze farbig ausmalen und der Karte einen Titel geben, zum Beispiel: „Wirtschaftskraft der EU-Mitgliedstaaten".

5. Du kannst jetzt aus der thematischen Karte wichtige Informationen „herauslesen", zum Beispiel, wo die wirtschaftsschwächeren EU-Länder liegen oder dass ein einziger Staat wie eine „Wohlstandsinsel" eine herausgehobene Stellung in der Karte einnimmt.

### Aufgaben

**1** Zeichne mithilfe von M2 und der Texterklärung die vollständige Karte: „Wirtschaftskraft der EU-Mitgliedstaaten".

**2** a) Errechne den Durchschnitt des BIP pro Einwohner der Länder der EU (M1).
b) Bewerte die Wirtschaftskraft der seit 2004 eingetretenen neuen EU-Mitglieder (M1 und Karte Seite 43) im Vergleich zum Durchschnitt der EU.

**3** Gestalte nach den Angaben in M4 eine thematische Karte. Berücksichtige die Hinweise auf dieser Seite und ordne die Arbeitslosenquoten der EU-Länder nach den Zahlengruppen:
 0 % – < 5 %,  5 % – < 10 %,
 10 % – < 15 %,  > 15 %.

# Hilfen für benachteiligte Gebiete

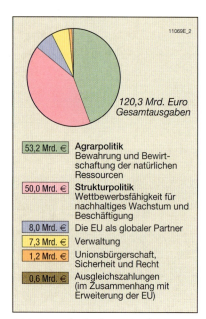

M1 *Haushalt der EU 2008*

Die Europäische Union versteht sich als Solidargemeinschaft. Das heißt, sie sorgt dafür, dass die Stärkeren den Schwächeren helfen, dass den ärmeren Regionen mehr Gelder zufließen als den reicheren. Dadurch soll den Menschen in den benachteiligten Gebieten zu einem Lebensstandard verholfen werden, wie er in anderen Gebieten selbstverständlich ist.

(Nach C. D. Grupp: Sechs – Neun – Zehn – Zwölf; EG. Köln 1986, S. 61)

M3 *Gegenseitige Hilfe*

## Die EU-Haushaltskasse

Der EU-Haushalt ist zwischen den EU-Mitgliedsländern stets heftig umstritten und wird erst nach langer Diskussion verabschiedet. Die zwei größten Haushaltsposten betreffen alljährlich die Agrarpolitik sowie die **EU-Strukturpolitik**. Sie dienen dem Ziel, das Wohlstandsgefälle zwischen den Regionen der EU abzubauen, indem die strukturschwachen Regionen unterstützt werden.

In der Förderperiode von 2007 bis 2013 stehen in drei verschiedenen Fonds zusammen über 308 Mrd. Euro Fördermittel zur Verfügung. Mit den Fonds werden regionale Wachstumsprogramme unterstützt und Anreize zur Schaffung neuer Arbeitsplätze gegeben.

Das notwendige Geld kommt aus einer gemeinsamen Haushaltskasse, in die alle Mitgliedsländer einzahlen. „Reichere" Länder zahlen mehr als „ärmere".

## Aufgabe

**1** Ordne den fünf Förderbeispielen in M5 Folgendes zu:
a) die entsprechenden Ziele in M2;
b) die Fonds, aus denen die Gelder stammen (M4).

---

**Ziel 1: Konvergenz (Angleichung)**
Förderung von Wachstum und Beschäftigung in den rückständigen Regionen.
Finanzvolumen: ca. 251 Mrd. Euro

**Ziel 2: Wettbewerbsfähigkeit**
- Förderung von innovativen Technologien
- Förderung von Energiekonzepten und Umweltschutz
- Verbesserung von Verkehrs- und Kommunikationsdiensten
- Förderung des Zugangs zum Arbeitsmarkt für benachteiligte Gruppen
- Finanzvolumen: ca. 49 Mrd. Euro

**Ziel 3: Europäische Zusammenarbeit**
- Stärkung grenzüberschreitender und überregionaler Zusammenarbeit
- Interregionaler Erfahrungsaustausch
  Finanzvolumen: ca. 8 Mrd. Euro

M2 *Förderziele der EU von 2007–2013*

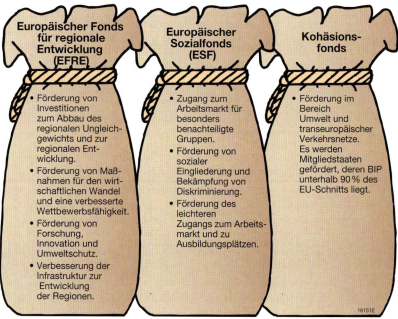

M4 *Die europäischen Fonds 2007–2013*

## Die Europäische Union

**Ziel?**

Dieser Radweg an der deutsch-französischen Grenze wurde mit Geldern des EU-Programms „Interreg" gefördert. Das Projekt unterstützt die grenzüberschreitende Zusammenarbeit beider Staaten.

**Ziel?**

Das EU-Projekt „Urban" stellt Städten mit über 20 000 Einwohnern Geld für Fördermaßnahmen zur Ausbildung und Arbeitsplatzsicherung zur Verfügung.

**Ziel?**

Auf dem ehemaligen Gelände der Schwerindustrie in Duisburg-Rheinhausen entsteht zur Zeit ein modernes Logistikzentrum. Die wirtschaftliche Umstellung der Region wird mit EU-Mitteln gefördert.

**Ziel?**

Als „neues" EU-Mitglied bekommt zum Beispiel Lettland Geld aus EU-Mitteln, um wirtschaftlich den Anschluss an die reicheren EU-Regionen zu erhalten.

**Ziel?**

Der Windpark „Teutoburger Wald" bei Paderborn dient dem Umweltschutz und wurde als förderwürdiges Projekt finanziell von der EU unterstützt.

**Merke**
Die EU-Politik hat das Ziel, benachteiligte Regionen in den EU-Staaten zu fördern. Im Rahmen der Strukturpolitik stehen Gelder für Förderprogramme zur Verfügung.

**Grundbegriff**
- EU-Strukturpolitik

**M5** *Förderung mit EU-Mitteln (Die Namen der Förderziele [siehe M2] sind hier durch Fragezeichen ersetzt.)*

# Zusammenarbeit – grenzenlos

M1 *Logo der Großregion SaarLorLux-Rhein*

## Aufgaben

**1** Erläutere „Euregio".

**2** a) Liste Bereiche und Aufgabengebiete auf, die mit dem EU-Programm INTERREG gefördert werden (M3).
b) Erkläre die Bedeutungen des Wortes INTERREG.

**3** a) Liste auf: Mit welchen Staaten arbeitet Deutschland grenzüberschreitend zusammen (M2)? Löse die Aufgabe im Uhrzeigersinn. Beginne im Norden.
b) Nenne den Staat, der nicht zur EU gehört.

**4** Verfasse mithilfe des Internets (www.grossregion.net) einen Bericht über die Großregion.

### Info

**Euregio**
Eine Euregio ist ein Grenzgebiet an einer Binnen- oder Außengrenze der EU. Die Grenze zwischen Deutschland und den Niederlanden ist zum Beispiel eine Binnengrenze der EU, die Grenze zwischen Deutschland und der Schweiz ist eine Außengrenze. In einer Euregio sollen grenzüberschreitende Probleme gelöst werden. Das Gebiet wird von den beteiligten Staaten festgelegt. Der Name Euregio setzt sich aus den beiden Wörtern „Europa" und „Region" zusammen.

M2 *Euregios an den Grenzen Deutschlands*

## Zusammenarbeit an den Ländergrenzen

Alle EU-Staaten haben sich mit ihrem Eintritt in die Union dem Ziel verpflichtet, dass nationale Grenzen kein Hindernis mehr für eine ausgewogene Entwicklung sein sollen. Das ist ein hochgestecktes Ziel, das erst allmählich verwirklicht werden kann.

Grenzgebiete zwischen Staaten zeigen immer zwei Probleme auf: Erstens stellt jede Grenze einen Einschnitt, eine Zerschneidung des Wirtschafts- und Kulturraums dar. Zweitens wurden Grenzgebiete in der Vergangenheit von der nationalen Politik aufgrund der Lage am Rand des Staatsgebiets häufig vernachlässigt.

Mit jeder Erweiterung der EU wurden ehemalige Außengrenzen der Staaten zu Binnengrenzen der EU. Die finanzielle Förderung der zahlreichen **Euregios** ist daher von großer Wichtigkeit.

Zur Verbesserung der Situation in den Grenzregionen stellt die EU mit dem Programm INTERREG Fördermittel bereit. Die vierte Förderperiode des INTERREG-Programms erstreckt sich von 2007 bis 2013. Es gibt fünf Bereiche, auf die sich die Unterstützung der Zusammenarbeit an den Grenzen der EU-Länder bezieht (M3).

# Die Europäische Union

## 1. Raum
Räumliche Strukturen werden an Grenzen oft zerschnitten. Jedes EU-Mitglied hat seine eigene Raumplanung und Planungen von Verkehr, Transport und anderen Infrastrukturmaßnahmen. In einem Grenzgebiet müssen daher unterschiedliche Systeme zwischen zwei Staaten aufeinander abgestimmt werden. Die EU-Bürger der Grenzgebiete sollen über Pläne ihrer Lebensumgebung in der Region diesseits und jenseits der Grenze mitbestimmen können.

## 2. Arbeit
Eine Erweiterung des Arbeitsmarkts ist eine Chance für die Bewohner des Grenzgebietes. Durch Stellensuche im Nachbarland oder eine Ausbildung jenseits der Grenze verbessern sich die beruflichen Perspektiven der EU-Bürgerinnen und -Bürger in Grenzräumen. Zur Schaffung eines grenzüberschreitenden Arbeitsmarktes gehört auch, dass Ausbildungspläne und Zeugnisse gegenseitig anerkannt werden.

## 3. Wirtschaft
Die Zusammenarbeit von Unternehmen und Organisationen zur besseren Nutzung wirtschaftlicher und technischer Entwicklungen wird angeregt. Auch soll es eine grenzüberschreitende Kooperation von klein- und mittelständischen Unternehmen geben. Weiterhin soll der grenzüberschreitende Tourismus als wachsender Wirtschaftszweig überregional ausgebaut werden.

## 4. Umwelt, Natur, Landwirtschaft
Umwelt, Natur und Landwirtschaft sind die natürlichen Bindeglieder in einem Grenzgebiet. Aber nationale Gesetze und Vorschriften verhindern oft einen grenzüberschreitenden Umgang mit den natürlichen Ressourcen. Dies soll abgeschafft werden. So suchen Landwirtschaftsorganisationen nach neuen gemeinsamen Wegen für landwirtschaftliche Betriebe in den Grenzregionen.

## 5. Mensch
Kontakte zwischen Bürgern aller Gruppen sollen in den Euregios gefördert werden. Auch die grenzüberschreitende Zusammenarbeit von Behörden, wie Feuerwehr und Polizei, speziell im Katastrophenschutz, wird unterstützt. Im Bereich der Sprachförderung sollen gemeinsame Kulturprojekte und Veranstaltungen das gegenseitige Verständnis stärken.

**M3** *Fünf gute Karten durch INTERREG*

Die Großregion SaarLorLux-Rhein ist eine Euregio. Sie umfasst das Bundesland Saarland, die französische Region Lothringen, das Großherzogtum Luxemburg, das Bundesland Rheinland-Pfalz und die belgische Region Wallonien mit der französisch- und deutschsprachigen Gemeinschaft Belgiens. Diese Euregio erstreckt sich zwischen Rhein, Mosel, Saar und Maas über eine Gesamtfläche von 65 400 km²; in ihr leben 11,3 Millionen Menschen.

Die nationalen Teilregionen dieser Großregion befinden sich jeweils in einer Randlage der beteiligten Länder. Gleichzeitig aber liegen diese nationalen Randregionen in der „Mitte Europas". Innerhalb der Großregion gibt es 190 000 grenzüberschreitende Pendler. Das Bruttoinlandsprodukt beträgt 250 Milliarden Euro; das sind 1,5 % der gesamten EU.

Früher war ein großer Teil dieser Region ein altindustrialisiertes Montanrevier. Es hat sich von einer Krisenregion zu einer modernen Wachstums- und zukunftsorientierten Wirtschaftsregion entwickelt.

Die Mitglieder der Euregio arbeiten in wirtschaftlichen, kulturellen, touristischen und sozialen Bereichen zusammen.

**Merke**
Die 27 EU-Staaten haben sich dem Ziel verpflichtet, nationale Grenzen zu überwinden und die Euregios zu fördern. Dazu dienen die Mittel des EU-Programms INTERREG.

**Grundbegriff**
• Euregio

**M4** *Die Großregion SaarLorLux-Rhein*

# Alles klar? Die Europäische Union

## 1. Europa oder nicht Europa?

Entscheide, ob die folgenden Länder/Regionen zu Europa gehören und begründe deine Entscheidung:
Moldawien, Georgien, Russland, Türkei, Grönland.

## 2. Hier stimmt etwas nicht!

In diesem Bericht sind einige Begriffe und Ortsangaben durcheinandergeraten. Schreibe den Bericht ab und korrigiere die Fehler:

An der Spitze der Europäischen Union steht der Europäische Gerichtshof. Er hat seinen Sitz in Straßburg. Über die Gesetze wacht der Europäische Rat. Er tagt in Brüssel. In Luxemburg kommen die Mitglieder des Europäischen Parlaments zusammen. Die Europäische Kommission kontrolliert die Einnahmen und Ausgaben in der Europäischen Union. Die Leitlinien der EU-Politik legt der Europäische Rechnungshof fest.

## 3. Die Euregio Maas-Rhein

In der Euregio Maas-Rhein werden vielfältige Projekte durchgeführt, die den Alltag der Menschen in der Grenzregion verbessern sollen. Notiere, welche Projekte für dich besonders wichtig sind, wenn du Bewohnerin oder Bewohner der Grenzregion bist. Berücksichtige dabei auch das Dreieck der Projektziele.

## 4. Fragen für Experten

a) Erkläre die Symbole der Europaflagge.
b) Berichte über die Europahymne.
c) Zwischen den EU-Mitgliedstaaten gibt es teilweise erhebliche Unterschiede. Erkläre.
d) Polen ist für deutsche Investoren ein wichtiges EU-Mitgliedsland. Begründe.
e) „Der Airbus A 380 – eine europäische Leistung". Erkläre diese Aussage eines französischen Politikers.
f) Begründe, warum in Frankreich Maßnahmen zur Dezentralisierung gefördert werden.

# Alles klar?

## 5. Spielerisch durch die Europäische Union

Üben und Behalten ist gar nicht so schwer, wenn du mit einem Partner ein Europa-Würfelspiel anfertigst. Ihr könnt als „Spielbrett" die Seiten 42/43 verwenden. Was ihr noch braucht, sind Fragekarten, die man beantworten muss, wenn man auf bestimmte Felder (Sterne) kommt. Notiert dazu Fragen auf kleinen Karten. Ihr könnt zum Beispiel nach Folgendem fragen:

nach den Ländernamen der Mitgliedsländer der EU, nach den Hauptstädten, nach dem flächengrößten und flächenkleinsten Land, dem Land mit der größten und kleinsten Bevölkerungszahl, nach der Europaflagge oder der Europahymne. Überlegt euch eure Spielregeln!

## 6. Woher kommt das Geld, wofür wird es ausgegeben?

a) Die Europäische Union hat eine gemeinsame Haushaltskasse. Erkläre, wer in diese Kasse einzahlt.
b) Wofür wird das Geld aus der gemeinsamen Haushaltskasse verwendet? Nenne Beispiele.
c) Welches grundsätzliche Ziel verfolgt die Europäische Union mit der Zuteilung von Haushaltsmitteln?

### Grundbegriffe

- Eurasien
- Europäische Union (EU)
- Europäischer Rat
- Europäische Kommission
- EU-Ministerrat
- Europäischer Gerichtshof
- Europäischer Rechnungshof
- Europäisches Parlament
- EU-Binnenmarkt
- Gemeinsame Agrarpolitik (GAP)
- EU-Strukturpolitik
- Euregio

# Großmächte im Wandel

USA – führende Wirtschaftsmacht

Nordamerika

Ein Referat erarbeiten

Russland – Staat im Umbruch

China – Staat im Aufbruch

Ein Länderprofil erstellen

**M1** *Blick auf New York (unten im Bild: die Südspitze des Stadtteils Manhattan)*

# USA – führende Wirtschaftsmacht

M1 *Lage der USA*

**Fläche:** 9,8 Mio. km² (etwa 27-mal so groß wie Deutschland)

**Einwohner:** 299 Mio. im Jahr 2007 (etwa 3,5-mal so viele wie in Deutschland)

**Hauptstadt:** Washington (ca. 570 000 Einwohner)

**größte Stadt:** New York (ca. 7,3 Mio. Einwohner)

**Wirtschaftliche Leistung:** 28 400 Euro pro Einwohner 2007 (Deutschland 22 500 Euro pro Einwohner)

M3 *Steckbrief der USA*

**Die USA sind führend bei der Produktion von:**

| | |
|---|---|
| Plastik | vor Japan |
| Aluminium | vor Russland |
| Gummi | vor Japan |
| Kühlschränken | vor China |
| Kunstfasern | vor China |
| Papier | vor China |
| Elektroenergie | vor China |

M5 *Die USA im Welthandel*

## Aufgabe

**1** Schreibe zehn Begriffe auf, die dir zu den USA einfallen, und ordne sie nach Oberbegriffen z. B. Landschaften, Städte, Bevölkerungsgruppen, Ereignisse, Personen, …).

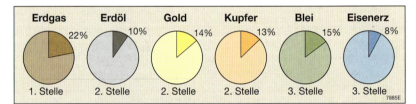

M4 *Anteile der USA an der Produktion ausgewählter Rohstoffe*

M2 *Der Times Square im Zentrum von Manhattan*

## Großmächte im Wandel

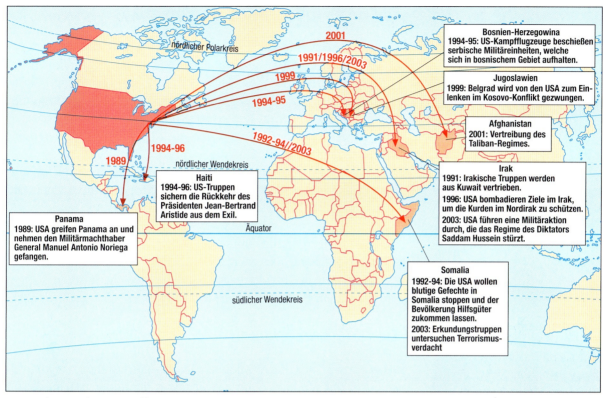

M6 *Militärische Eingriffe der USA (Auswahl)*

## Die Vereinigten Staaten von Amerika

Die USA (**U**nitet **S**tates of **A**merica) sind die führende **Weltmacht** der Erde. Wirtschaftlich, politisch und militärisch nehmen sie eine internationale Vormachtstellung ein und üben weltweiten Einfluss aus. In vielen militärischen Auseinandersetzungen auf der Erde spielen sie eine wichtige Rolle. Hierbei verfolgen sie oft wirtschaftliche Interessen, setzen sich aber auch dafür ein, Diktaturen aufzulösen und Demokratien zu stärken.

### Info

**Die Flagge der USA**

Die amerikanische Flagge besteht aus „Stars and Stripes". Die 50 Sterne stehen für die heutigen Bundesstaaten. 49 Staaten liegen auf dem nordamerikanischen Kontinent. Einer davon ist Alaska; er liegt abgetrennt von den übrigen Staaten im Nordwesten Kanadas. Der 50. Staat ist die Inselgruppe Hawaii; sie liegt 3870 km vom Festland entfernt im Pazifischen Ozean. Die 13 Streifen stehen für die 13 Gründerstaaten der USA. Diese verkündeten am 4. Juli 1776 ihre Unabhängigkeit gegenüber England.

### Aufgaben

**2** Die Flagge der USA wird auch „Old Glory" genannt. Erkläre den Begriff (Lexikon, Internet).

**3** Beschreibe die wirtschaftliche Stellung der USA (M4, M5).

**4** Die USA werden auch als „Weltpolizist" bezeichnet. Erläutere mithilfe von M6.

### Merke

Die USA sind ein Bundesstaat im Süden von Nordamerika. Sie sind eine Weltmacht und die führende Wirtschaftsmacht der Erde.

**Grundbegriff**
• Weltmacht

# USA – führende Wirtschaftsmacht

M1 *Die Großlandschaften*

## Die Großlandschaften Nordamerikas

Der nordamerikanische Kontinent erstreckt sich zwischen dem Pazifischen Ozean im Westen und dem Atlantischen Ozean im Osten. Im Norden liegt der Kanadische Schild, eine flachwellige Landschaft. Sie war während der Eiszeiten vor mehr als 10 000 Jahren von Gletschern bedeckt und wurde von ihnen abgeschliffen. Nach dem Abtauen des Eises füllten sich die Täler mit Wasser. Hier gibt es heute viele Seen und Sümpfe.

Im Westen liegen die Rocky Mountains. Sie gliedern sich in mehrere Gebirgszüge. Dazwischen sind tief eingeschnittene Täler. Die Rocky Mountains sind ein Hochgebirge wie die Alpen.

Im Osten liegen die Appalachen. Sie erstrecken sich von Kanada im Norden bis Alabama im Süden. Die Appalachen sind ein Mittelgebirge wie das Rothaargebirge.

In der Mitte des Landes liegen muldenförmig die Inneren Ebenen mit den **Great Plains** und den **Great Lakes**.

## Der Zug nach Westen

M2

Auswanderer aus Europa kamen im 17. Jahrhundert nach Nordamerika. Hier trafen sie auf die Siedlungsräume der Indianer. Zum Beispiel lebten die Stämme der Sioux und Apachen als Prärie-Indianer in den Great Plains. **Rancher**, die Weideland für ihr Vieh brauchten, und **Farmer** auf der Suche nach fruchtbarem Ackerland vertrieben die Indianer. Die Besiedlung erfolgte von Osten nach Westen. Silber- und Goldfunde in Nevada und Kalifornien lockten zusätzlich viele Menschen an und führten zu einer weiteren Verdrängung der Indianer.

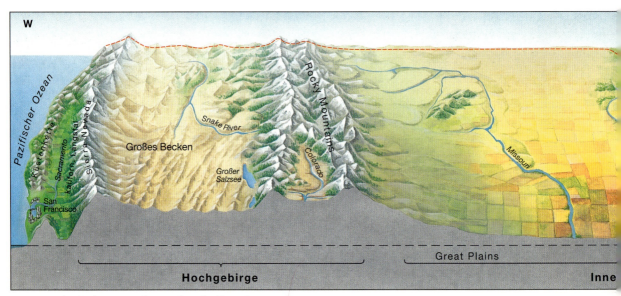

M3 *Landschaftsquerschnitt durch die USA*

# Großmächte im Wandel

**M4** *Die Besiedlung der USA durch die Einwanderer*

## Info

### Bericht eines Irokesen um 1880

„Dieses Land wurde einst ausschließlich von Indianern bewohnt, doch die Stämme wurden einer nach dem anderen bei ihren vergeblichen Versuchen, die Ausbreitung der Zivilisation nach Westen aufzuhalten, ausgerottet.
Wenn ein Stamm sich gegen die Verletzung seiner natürlichen und vertraglichen Rechte zur Wehr setzte, wurden Angehörige des Stammes auf unmenschliche Weise erschossen und die Indianer wie Hunde behandelt."

(Nach Dee Brown: Begrabt mein Herz an der Biegung des Flusses. München 1974, S. 177)

## Aufgaben

**1** Erläutere die Großlandschaften der USA (M1, Text).

**2** New York und Lissabon im Gradnetz der Erde: Welche Stadt liegt südlicher (Atlas)?

**3** Projektvorschlag: „Die Indianer Nordamerikas – früher und heute". Gestalte eine Wandzeitung.

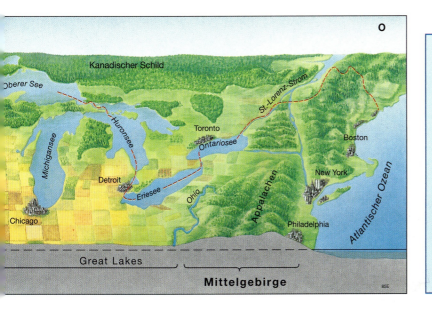

### Merke
Die USA gliedern sich in die Großlandschaften Rocky Mountains, Great Plains und Appalachen. Die Besiedelung durch die Europäer erfolgte von Osten nach Westen. Dabei wurde ein großer Teil der Indianer umgebracht.

### Grundbegriffe
- Great Plains
- Great Lakes
- Rancher
- Farmer

# USA – führende Wirtschaftsmacht

## Besonderheiten des Klimas

Der größte Teil Nordamerikas befindet sich in der gemäßigten Klimazone. Das ist die Klimazone, in der auch Deutschland liegt.

Obwohl sich beide Länder in der gleichen Klimazone befinden, ist das Klima in Deutschland und Nordamerika nicht identisch. So hören wir aus den USA immer wieder von winterlichen Kälteeinbrüchen. Minus 30 °C sind in Hamburg undenkbar, in New York aber keine Seltenheit. Vor Sturmkatastrophen, wie sie in fast regelmäßigen Abständen ostamerikanische Küstengebiete heimsuchen, bleiben wir bei uns verschont.

Ursache für die Kennzeichen des nordamerikanischen Klimas ist die Oberflächengestaltung. Durch die von Nord nach Süd verlaufenden Gebirgsketten wird die vom Westen kommende feuchte Meeresluft daran gehindert, in das Innere des Kontinents vorzudringen. Sie gibt ihre Feuchtigkeit bereits beim Aufsteigen an den Küstengebirgen ab. Außerdem fehlen Quergebirge wie in Europa (Alpen), sodass warme Luft vom Golf von Mexiko weit nach Norden und arktische Kaltluft tief in den Süden vordringen kann.

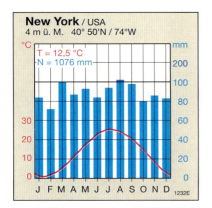
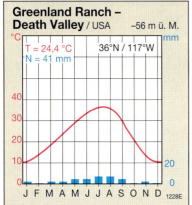
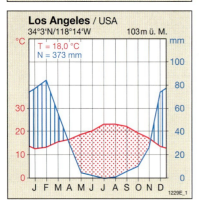

**M1** *Klimadiagramme*

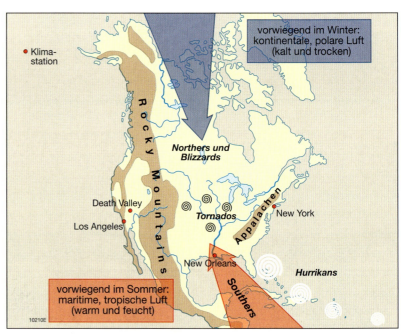

**M3** *Wetter- und klimabestimmende Luftmassen in Nordamerika*

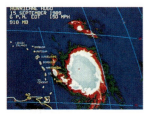
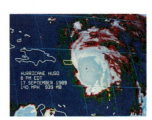

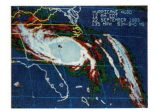

**M2** *Hurrikan „Hugo" auf seinem Weg zum Festland (Satellitenaufnahmen)*

# Großmächte im Wandel

## Tornados

sind festländische, wandernde Wirbelwinde (riesige Windhosen) von wenigen 100 m Durchmesser, kurzer Lebensdauer, aber extremer Stärke. Es sind rotierende „Schläuche", gewaltige „Saugrüssel", in deren Windfeld die höchsten auf der Erde bekannten Windstärken auftreten. In ihrem Zentrum, dem „Auge", herrscht ein extremer Unterdruck, der Gebäude explosionsartig bersten lässt. Tornados legen keine langen Wege zurück. Sobald der Druckausgleich hergestellt ist, lösen sie sich auf.
Auf ihrem Wege hinterlassen sie eine Bahn der Verwüstung. Sie zerstören nicht nur Häuser, sondern entwurzeln auch Bäume und wirbeln Autos durch die Luft.
Tornados entstehen im Bereich von Luftmassengrenzen, an denen sich extrem warme und kalte Luftmassen gegenüberstehen.

## Hurrikans

sind tropische Wirbelstürme mit Windstärken über 12. Sie erreichen Geschwindigkeiten von 300 km/h. Oft entstehen sie vor der Küste Westafrikas aus Tiefdruckgebieten, die über dem Atlantik und der Karibik feuchtwarme Meeresluft ansaugen. Diese liefert die Energie für den Wirbelsturm. Die langlebigen und – im Vergleich mit den Tornados – großräumig aktiven Hurrikans ziehen vom Meer in den Raum der Südstaaten der USA, wo sie vor allem im Küstengebiet große Schäden anrichten können. So raste im August 2005 z.B. der Hurrikan „Katrina" mit 220 km/h auf die Golfküste zu und verwüstete ein Gebiet von der Größe Belgiens. Der Wirbelsturm forderte hunderte Todesopfer, der Sachschaden betrug hunderte Milliarden Dollar.
Auf dem Festland lässt die Intensität der Hurrikans rasch nach, weil der Energienachschub aufhört.

## Blizzards

sind Eis- und Schneestürme, die als Folge plötzlicher Kaltlufteinbrüche vom Norden her in der gemäßigten Klimazone Nordamerikas auftreten. Ihnen folgen oft Regenfälle nach, die gefährliche Eisbildungen zur Folge haben. Blizzards können das Leben ganzer Städte für Tage lahmlegen.

## Northers

sind großräumige Kaltlufteinbrüche, die im Winter und Frühjahr aus den arktischen Regionen auf den amerikanischen Kontinent ziehen. Die Kaltluft kann bis in die subtropischen Gebiete der USA vordringen und dort starke Temperaturstürze bis unter dem Nullpunkt bewirken. Die Fröste können auf den Plantagen der Südstaaten große Schäden anrichten und sind deshalb dort besonders gefürchtet.

M4 *Tornado in Nord-Dakota*

## Aufgabe

1 Erkläre, warum es in Nordamerika in der gemäßigten Zone zu extremen Wetter- und Klimaerscheinungen kommt.

### Merke
Die nord-südlich verlaufenden Gebirge beeinflussen das Klima Nordamerikas. Sie ermöglichen den Winden aus Norden und Süden, weit ins Land einzudringen, und verhindern gleichzeitig, dass große Mengen feuchter Luft von Westen her in das Innere des Kontinents gelangen.

# USA – führende Wirtschaftsmacht

## Info

### Manufacturing Belt

Der Manufacturing Belt (manufactory: Fabrik, belt: Gürtel) liegt im Nordosten der USA. Im Zentrum befindet sich die Stadt Pittsburgh. Hier wurde bereits um 1890 in Hochöfen Eisen aus Eisenerz herausgeschmolzen. Der Standort war ideal: Die über zwei Meter mächtigen Kohlenflöze am Rand der Appalachen konnte man im Tagebau abbauen. Auch Eisenerz-Lagerstätten waren vorhanden. Bereits um die Jahrhundertwende war die Ostküste der USA dicht besiedelt und bildete ein großes Absatzgebiet für Stahlprodukte. Zahlreiche Arbeitskräfte aus Europa und anderen Gebieten der USA fanden hier eine Beschäftigung.

**M2** *General Motors, das weltweit größte Kfz-Unternehmen, in Detroit*

## Industrienation USA

Die USA sind das größte Industrieland der Erde. Der Wert der Produkte, die die USA jedes Jahr herstellen, wird von keinem anderen Land der Erde übertroffen. In den meisten Industriebereichen nehmen die USA einen Spitzenplatz ein.

Das Geheimnis dieses Erfolges sind nicht nur die reichlich vorhandenen Bodenschätze. Es gibt viele gut ausgebildete Arbeitskräfte, die sich schnell auf neue Anforderungen einstellen. Auch der Wirtschaftsgeist der Amerikaner spielt eine wichtige Rolle. Dies belegen amerikanische Sprichwörter wie „Time ist money" und „Another day another Dollar".

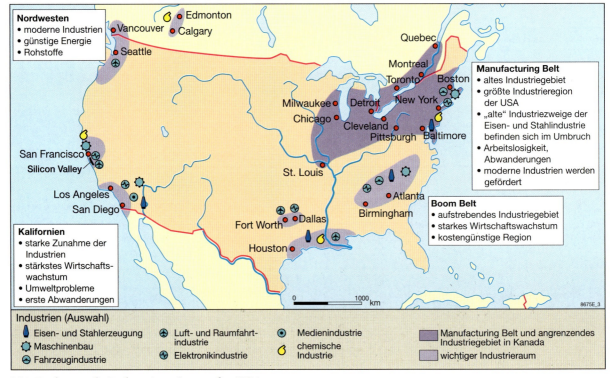

**M1** *Bedeutende Industrieregionen der USA*

# Großmächte im Wandel

## Der Manufacturing Belt – ein Industriegebiet verändert sich

Im **Manufacturing Belt** wurde im letzten Jahrhundert mehr Stahl produziert als in jedem anderen Eisen und Stahl erzeugenden Revier der Welt. Doch in den 1960er Jahren kam der wirtschaftliche Einbruch: Die Nachfrage nach Stahl sank nach und nach. Beispielsweise wurden in der Autoindustrie Kotflügel und Stoßfänger nicht mehr aus Stahl, sondern aus Kunststoff hergestellt.

Deshalb gewährt die Regierung Steuererleichterungen und vergibt billige Kredite für Hightech- und Dienstleistungsbetriebe.

**M4** *„Tin Lizzie", ab 1908 in Detroit produziert*

## Wachstumsregionen im Süden und Westen

Die Erdöl- und Erdgasvorkommen im Golf von Mexiko sind die Grundlagen für das Wirtschaftswachstum im Süden der USA. Fabriken der chemischen Industrie und der Kunststoff-Herstellung bestimmen das Bild der Landschaft.

Im Westen, in Kalifornien, haben sich im **Silicon Valley** über 3 000 Elektronik- und Computerfirmen niedergelassen. Für diese sind die Kontakte zu den nahe gelegenen Universitäten wichtig, die sich auf die Entwicklung neuer Technologien spezialisiert haben.

## Der Boom-Belt – Wachstum ohne Bremse

Im Südosten der USA ist ein Wirtschaftsraum entstanden, der heute als **Boom-Belt** bezeichnet wird. Zahlreiche Hightech-Betriebe sind in einem **Technologiepark** zusammengeschlossen. Hier arbeiten 20 000 Wissenschaftler in privaten und staatlichen Forschungslabors. Viele ausländische Firmen wie zum Beispiel BMW haben Niederlassungen gegründet.

### Aufgaben

**1** Der Manufacturing Belt hat sich verändert. Begründe.

**2** Die Fließband-Produktion in der Automobilindustrie begann mit dem Ford-T-Modell „Tin Lizzie" (M4). Berichte darüber (Internet: www.ford.com; Seite: Heritage).

**3** Nenne drei Industriezweige, die im Silicon Valley besonders stark vertreten sind (M1).

**4** Erörtere die Gründe, warum sich Firmen im Boom-Belt niederlassen (M1, Text).

### Merke
Die USA sind die größte Industrienation der Erde. Der Manufacturing Belt ist das älteste und größte Industriegebiet. Neue Industrien sind in Kalifornien und im Boom-Belt entstanden.

### Grundbegriffe
- Manufacturing Belt
- Silicon Valley
- Boom-Belt
- Technologiepark

**M3** *BMW-Produktion im Boom-Belt*

# USA – führende Wirtschaftsmacht

## Die Bedeutung der Landwirtschaft

Die USA sind weltweit mit Abstand das Land mit dem größten Überschuss an Agrarerzeugnissen und das größte Agrarexportland. Die Landwirtschaft arbeitet hoch produktiv. Ein Farmer sichert die Ernährung von 180 Personen.

Wichtige Gründe für die Leistungsfähigkeit der Landwirtschaft sind der hohe Mechanisierungs- und Chemisierungsgrad und die ständige Rationalisierung der Produktion. Ein Hauptproblem der Farmer ist die Überproduktion bzw. die Schwierigkeit, die erzeugten Produkte zu einem angemessenen Preis zu verkaufen. Zu viele Farmen sind deshalb hoch verschuldet.

### „For sale"

Melvin und Liza Shultz bewirtschafteten eine Farm in Battle Creek (Iowa), rund 100 Kilometer östlich von Sioux City. Mehr als 20 Jahre lang haben sie den 190 Hektar großen Betrieb gemeinsam geführt. Weizen, Soja und Mais waren die wichtigsten Anbauprodukte. Die Rinderhaltung umfasste etwa 500 Tiere. Doch dann kam das Ende. Der Hof wurde versteigert.
Als in den 1970er Jahren die Nachfrage nach Weizen stark zunahm, haben sie investiert. In den folgenden Jahren sanken die Weizenpreise aufgrund einer Überproduktion. Außerdem kürzte die Regierung die Subventionen für die Landwirtschaft. Die Einnahmen aus dem Verkauf der Ernte sanken drastisch. Daher konnte die Familie Shultz ihre Schulden nicht mehr zurückzahlen. Melvin arbeitet jetzt auf einem Schlachthof in Sioux City und seine Frau hat eine Anstellung in einem Supermarkt gefunden.

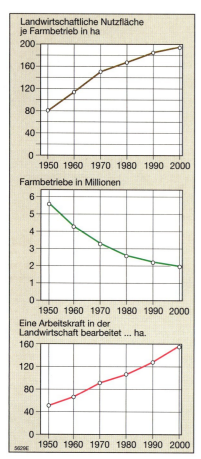

**M1** *Daten zur Landwirtschaft*

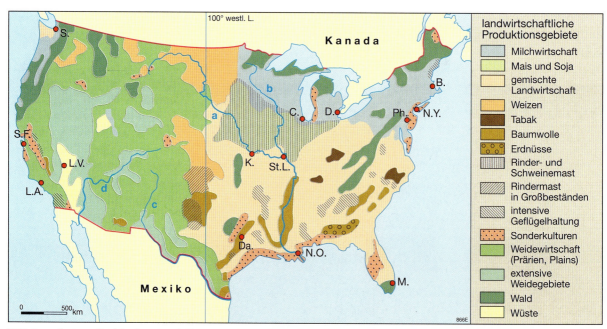

**M2** *Landwirtschaftliche Produktionsgebiete in den USA*

# Großmächte im Wandel

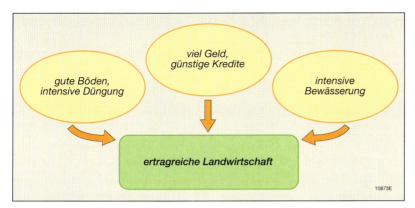

M3 *Günstige Faktoren für die Landwirtschaft in den Great Plains*

M5 *Die Lage der Great Plains in den USA*

## Die Great Plains – fruchtbar, aber trocken

In den Steppen der USA gibt es fruchtbare Böden. Dank dieser Böden wurden die Great Plains zur „Kornkammer der USA".

Mit viel Geld und unter Einsatz großer Maschinen haben die Farmer die weiten Grasländer in Ackerland umgewandelt. Die Erträge hängen allerdings stark von der jährlichen Niederschlagsmenge ab. Je weiter man sich den Rocky Mountains nähert, desto geringer und unzuverlässiger ist der Niederschlag. Es herrscht oft Dürre. Dagegen gehen die Farmer mit Bewässerung durch Grundwasser an. Neue Techniken ließen die Bewässerungslandwirtschaft ab den 1950er Jahren sprunghaft ansteigen und ermöglichten so auch den Anbau von Futterpflanzen, vor allem Mais. Diese waren die Grundlage für Rindergroßmastanlagen, sogenannte **Feedlots** (siehe Seiten 72/73).

## Aufgaben

**1** Nenne die Bundesstaaten der Great Plains (Atlas).

**2** Erläutere folgende typische Aussage der Menschen in den Plains-Staaten: „No rain, no gain, much pain."

M4 *Anbau von Futtergetreide in den Great Plains*

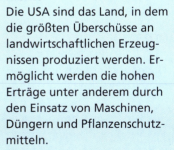

**Merke**
Die USA sind das Land, in dem die größten Überschüsse an landwirtschaftlichen Erzeugnissen produziert werden. Ermöglicht werden die hohen Erträge unter anderem durch den Einsatz von Maschinen, Düngern und Pflanzenschutzmitteln.

**Grundbegriff**
• Feedlot

# USA – führende Wirtschaftsmacht

**M1** *Im Kuner Feedlot*

## Factory Farms – Landwirtschaft als Agrobusiness

Das amerikanische **Agrobusiness** wird besonders deutlich an den hochmechanisierten Mastbetrieben, den **Factory Farms**. Sie haben ihren Namen, weil sie wie Industriebetriebe geführt und ihre Produkte als Massenware hergestellt werden.

Die Wirtschaftsweise ihrer Besitzer unterscheidet sich stark von der der traditionellen **Family Farms**. Die Factory Farms gehören fast ausschließlich großen Aktiengesellschaften. Die Betriebe verschlingen riesige Mengen Geld für Maschinen und teure Produktionsanlagen.

## Info

**Erstaunlich!**

- Gegenwärtig werden in amerikanischen Factory Farms 13 Millionen Rinder gehalten und fast 98 Prozent des US-Geflügels produziert.
- Die Menge an tierischen Exkrementen aus der Landwirtschaft wird jährlich auf fünf Tonnen je Einwohner der USA geschätzt.
- Die „Circle Four Farm" in Milford, Utah, produziert mit ihren mehr als 600 000 Mastschweinen so viel Abfall wie eine Stadt mit 1,8 Millionen Einwohnern.

**M2** *Das Kuner Feedlot, Colorado, ist einer der größten Rindermastbe...*

Das Kuner Feedlot ist nicht nur einer der größten Rindermastbetriebe, sondern auch eine der größten Factory Farms der Vereinigten Staaten. Es liegt in der Nähe von Greely an der Eisenbahnlinie von Denver nach Omaha. Das Feedlot ist ein g... Beispiel für das amerikanische Agrobusiness.
Auf einer Fläche von über 200 Hektar mit rund 400 Mastbuchten können bis zu 120 000 Tiere untergebracht und schlachtreif gemästet werden. Da dies in durchschnittlich 130 Tagen geschieht, kann das Feedlot pro Jahr bis zu 300 000 Schlachtrinder „produzieren".
Die Tiere werden das ganze Jahr im Freien gehalten, ohne Unterstand. Dieses ist möglich, weil die klimatischen Bedingungen sehr günstig sind: geringe Luftfeuch tigkeit und wenig Niederschläge im Sommer; kalte, aber trockene Winter.

**M3** *Das Kuner Feedlot – eine Factory Farm*

## Aufgaben

**1** Nenne wichtige Kennzeichen einer Factory Farm.

**2** Stelle die Wirtschaftsweise des Kuner Feedlots in einem Schaubild dar. Betrachte dazu auch M4.

**3** Nenne wesentliche Merkmale der amerikanischen Landwirtschaft und erläutere sie.

# Großmächte im Wandel

## Immer weniger produzieren immer mehr

Immer mehr Factory Farms bewirken eine zunehmende Konzentration in der Landwirtschaft der USA auf immer weniger Betriebe. Knapp zwei Prozent der über zwei Millionen Betriebe erzeugen rund die Hälfte aller Agrarprodukte. Die in großen Mengen anfallenden tierischen Exkremente belasten die Umwelt in hohem Maße.

Die Verlierer dieser Entwicklung sind die Familienbetriebe. Sie müssen ihre Höfe entweder aufgeben und suchen sich eine andere Arbeit oder sie werden zu sogenannten Hobby-, Freizeit- oder Rentnerfarmern.

> **Info**
>
> **Agrobusiness**
> Factory Farms (Fabrikfarmen), die Produkte von mehr als einer Million US-$ pro Jahr erzeugen, bezeichnet man als Agrobusiness-Unternehmen.

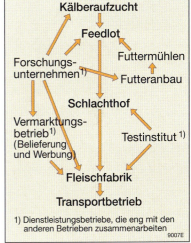

**M4** *Agroindustrielle Betriebsführung (Beispiel)*

glich fressen die Tiere etwa 1 200 Tonnen an zubereitetem Futter und nehmen bei rund 1,5 kg an Gewicht zu. Lediglich ein einziger Arbeiter bereitet das Futter einer automatischen Futtermühle zu. Zweimal täglich transportiert er es zu den astbuchten, wo es aus dem fahrenden Lkw in die Futtertröge gefüllt wird.
e Futterpflanzen wachsen auf bewässerten Feldern. Sie werden aus einem nkreis von mehr als 250 Kilometern aufgekauft und in der Futtermühle gelagert. i den hohen Produktionskosten ist es billiger, Futterpflanzen wie Alfalfa ne Kleeart), Mais, Sojabohnen, Weizen, Hafer oder Kartoffeln zu kaufen, als sie ber zu erzeugen.
d die Tiere schlachtreif, werden sie in firmeneigenen Schlachthäusern geschlach-, verkaufsfertig portioniert und an Händler ausgeliefert.

> **Merke**
> Die US-Landwirtschaft ist durch die Leistungsfähigkeit von Großfarmen, die wie Industriebetriebe geführt werden, gekennzeichnet.
>
> **Grundbegriffe**
> - Agrobusiness
> - Factory Farm
> - Family Farm

# USA – führende Wirtschaftsmacht

M1 *Kaum jemand ist sich für einen zweiten Job zu schade.*

### Der Preis für den Erfolg

Die US-Wirtschaft war im ersten Halbjahr 2008 trotz der Finanz- und Immobilienkrise gewachsen. Das Bruttoinlandsprodukt legte in diesem Zeitraum, aufs Jahr hochgerechnet, um 1,9 Prozent zu. Das liegt zum großen Teil an der Flexibilität des Arbeitsmarktes: Es gilt der Spruch „Hire and fire!" Einen Kündigungsschutz gibt es nicht, aber es ist auch wesentlich einfacher, einen neuen Arbeitsplatz zu finden. Viele Arbeitnehmer haben mehrere Jobs. So kommt es vor, dass eine junge Frau vormittags in einem Kindergarten tätig ist, nachmittags als Verkäuferin arbeitet und abends in einem Restaurant serviert.

Die Arbeitslosigkeit lag 2008 in den USA bei 6,5 Prozent (Deutschland 2008 bei 7,1 Prozent). Ein Grund dafür ist die hohe **Mobilität** der Bevölkerung. Die Amerikaner ziehen im Durchschnitt etwa alle sieben Jahre um.

Wer seine Arbeitsstelle verliert, hat wenig Zeit sein Schicksal zu beklagen. Arbeitslosenhilfe gibt es höchstens für sechs Monate. Gewerkschaften spielen eine geringe Rolle. Tarifverträge gibt es kaum. Urlaub und Arbeitszeit werden einzeln ausgehandelt.

Gesetzliche Krankenkassen sind nicht vorhanden. Viele Bürger versichern sich privat. Größere Firmen bieten Gruppenverträge bei Privatversicherern an. Krankwerden ist zudem gefährlich. Wer länger krank ist, bekommt nicht nur kein Gehalt, sondern er wird oft auch entlassen.

### Aufgabe

1 Erörtere die unterschiedliche Arbeitslosigkeit in den USA und in Deutschland.

> Anders als in Deutschland gibt es in den USA weniger Gejammer, wenn der Job gekündigt wird. Die Leute sind viel optimistischer, etwas Neues zu finden. Weil die Menschen Fürsorge von Staat und Arbeitgeber nicht gewohnt sind, sehen sie selbst zu, wie sie über die Runden kommen.
> (Nach: Badische Neueste Nachrichten, Karlsruhe vom 26./27. 2. 2005)

M2 *Eine völlig andere Einstellung zur Arbeit*

### Merke

In den USA gehen die Arbeitnehmer oft verschiedenen Berufen nach. Sie sind zudem mobil. Die Arbeitslosigkeit ist im Vergleich mit westeuropäischen Staaten geringer. Arbeitnehmer müssen sich in der Regel selbst finanziell gegen Krankheitsausfälle, Arbeitslosigkeit und Arbeitsausfall im Alter absichern.

### Grundbegriff
- Mobilität

M3 *In Mobile Homes leben 25 Millionen US-Amerikaner.*

# Nordamerika

## Gewusst wo

**M4** *Übungskarte Nordamerika*

### Aufgaben

**2** Ermittle die Namen in der Übungskarte (M3 und Atlas, Karten: Nordamerika (nördlicher Teil und südlicher Teil) – physisch).

**3** Zeichne zweimal (in unterschiedlicher Abgrenzung) Nordamerika als Skizze.

**4** Angloamerika: Welche Staaten gehören dazu (Atlas)?

**5** a) Welche Staaten Lateinamerikas gehören zu Nordamerika, wenn man Amerika in Nord- und Südamerika einteilt?
b) Mexiko gehört zu Nordamerika bzw. zu Mittelamerika (je nach Einteilung) und zu Lateinamerika. Es gehört aber nicht zu Angloamerika. Erläutere.

### Info

**Der Panamákanal**
Der Panamákanal ist 81,6 Kilometer lang. Er liegt am Isthmus (Landenge) von Panamá und verbindet den Atlantischen und Pazifischen Ozean. Ein Schiff benötigt etwa 15 Stunden zur Durchquerung der Landenge zwischen den beiden Weltmeeren. Täglich fahren etwa 38 Schiffe durch den Kanal. Die Gebühr für eine Durchfahrt beträgt etwa 45 000 US-$.

## Ein Doppelkontinent – verschiedene Abgrenzungen

Geographisch liegt die Grenze zwischen Nord- und Südamerika am Panamákanal, der schmalsten Stelle des Doppelkontinents.

Es gibt aber auch eine andere Abgrenzung: Danach reicht Nordamerika bis zur mexikanischen Grenze. Die Landbrücke von Mexiko bis zur Grenze Kolumbiens nennt man dann Mittelamerika.

In den beiden Staaten Nordamerikas, der USA und Kanada, wird überwiegend Englisch („anglo") gesprochen. Nordamerika wird daher auch Angloamerika genannt. In den Staaten Mittel- und Südamerikas werden die Sprachen Spanisch und Portugiesisch gesprochen. Da sie sich aus dem Lateinischen entwickelt haben, nennt man diesen Teil Amerikas Lateinamerika.

**M5** *Panamákanal*

# Gewusst wie

# Ein Referat erarbeiten

## Info

**Referat**
Ein Referat ist eine schriftliche Abhandlung oder ein mündlicher Vortrag über ein bestimmtes Thema.
Das Wort kommt aus dem Lateinischen („referre") und bedeutet überbringen, mitteilen, berichten.

## Gut geplant ist halb gewonnen

In der Abschlussklasse der Erweiterten Realschule, in der Ausbildung und später im Beruf stehst du immer wieder vor der Aufgabe, zu einem Thema selbstständig ein Referat zu verfassen und möglicherweise die Ergebnisse mündlich zu präsentieren. Hier sind einige Regeln zusammengestellt, um ein Thema kenntnisreich und anschaulich zu erarbeiten.

| ansprechendes Titelblatt | klare Gliederung | aktuelles Literaturverzeichnis |
|---|---|---|

**M1** *Wichtige Merkmale eines schriftlichen Referats*

### So arbeitest du ein Referat aus

**1. Annäherung an das Thema**
Beschäftige dich zunächst genau mit dem Thema. Jedes Wort ist wichtig. Till zum Beispiel bearbeitet das Thema: „Die Navajos – Indianer im Südwesten der USA".
Die Schlüsselwörter seines Referats sind „Navajos", „Indianer", „Südwesten" und „USA". Aus dem Erdkundeunterricht weiß er, dass die Navajos ein Indianervolk unter mehreren anderen in den USA sind. Sie sind stolz auf ihre Sprache und ihre Religion. Sie unterhalten ein eigenes Parlament und eine eigene Polizei, die Navajo Tribal Police. Gleichzeitig suchen sie ihren Platz in der amerikanischen Gesellschaft. Mit diesem Wissen macht er sich nun auf die Suche nach Material. Das musst du ebenfalls tun.

**2. Materialbeschaffung und Auswertung**
Suche zunächst in deinen Schulbüchern und im Atlas, dann in Büchereien, in Lexika, dem Fischer Weltalmanach, in Zeitschriften (z. B. Stern, Spiegel, Focus, Geo), in Zeitungen und im Internet.
Schau die Materialien genau durch und sortiere sie nach Themen. Lege für jedes Thema ein eigenes Blatt an, auf das du Stichwörter schreibst. Sammele interessante Bilder, um sie später in das Referat einzufügen. Schreibe alle Fremdwörter und Fachbegriffe auf und notiere ihre Bedeutung. Schreibe alle Orts- und Landschaftsnamen auf und informiere dich über die Lage.
Entwickle dann eine Gliederung mit mehreren Unterpunkten.
Suche interessante Beispiele zu jedem Teilthema, um es anschaulich zu gestalten.

**3. Schreiben des Referats**
Schreibe jetzt den zusammenhängenden Text des Referats. Füge an geeigneten Stellen Abbildungen und Beispiele ein. Du kannst auch einzelne Textstellen aus Büchern, Zeitschriften und Zeitungen wörtlich übernehmen. Solche Zitate werden durch Anführungszeichen gekennzeichnet. Weiterhin wird die Quelle angegeben, aus der das Zitat stammt (siehe M8).

### Sechs Tipps für einen guten Vortrag

1. Stelle sicher, dass alle Materialien bereit liegen.

2. Stell dich zu Anfang gerade hin. Schau die Zuhörer an, beginne erst zu sprechen, wenn alle, aber auch wirklich alle, dich anschauen und dir damit signalisieren, dass sie bereit sind, dein Referat zu hören.

3. Sprich möglichst frei. Ein Stichwortzettel hilft, den Faden nicht zu verlieren.

4. Gib den Zuhören Gelegenheit, Aufbau und Ablauf deines Referats nachzuvollziehen. Zum Beispiel kannst du die Gliederung groß auf ein Plakat schreiben und während deines Vortrags darauf verweisen.

5. Veranschauliche dein Referat mit interessanten Beispielen und Bildern.

6. Kündige zum Ende hin den Schluss an und bedanke dich zu guter Letzt für die Aufmerksamkeit.

## Großmächte im Wandel

# Gewusst wie

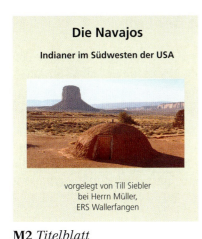

**M2** *Titelblatt*

1. Einleitung
2. Indianer in Nordamerika
3. Die Navajos
   3.1 Ursprünge
   3.2 Siedlungsgebiete
   3.3 Heutige Situation
   3.4 Spezielle Probleme
4. Entwicklungsmöglichkeiten

**M3** *Gliederung*

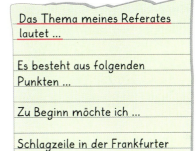

Das Thema meines Referates lautet ...

Es besteht aus folgenden Punkten ...

Zu Beginn möchte ich ...

Schlagzeile in der Frankfurter Rundschau vom ... :
„Kampf der Navajos gegen den Uranbergbau – noch ohne Erfolg"

**M7** *Notizzettel für den Anfang*

**M4** *Till arbeitet an seinem Referat.*

**M5** *Officer der Navajo Tribal Police*

„Die Weißen haben immer versucht, die Indianer dazu zu bringen, ihr Leben aufzugeben und wie die weißen Männer zu leben, das Land zu bebauen, schwer zu arbeiten und zu tun, was sie taten, doch die Indianer wussten nicht, wie man das macht und wollten es auch nicht ... Hätten die Indianer versucht, die Weißen dazu zu bringen, so zu leben wie sie, dann hätten die Weißen sich gewehrt, und das taten auch viele Indianer."

(Nach: http://www.welt-der-indianer.de/verschiedenes/weisheiten.html)

**M8** *Beispiel für ein Zitat*

**M6** *So gibt man die Literaturhinweise an.*

# Russland – Staat im Umbruch

**M1** *Russland*

## Russland – der größte Staat der Erde

Russland ist mit etwa 17 Mio. km² das flächenmäßig größte Land der Erde. Es ist fast doppelt so groß wie die USA und 48-mal so groß wie Deutschland. Die Ost-West-Ausdehnung ist so gewaltig, dass sie sich über zwei Kontinente und elf Zeitzonen erstreckt. Dämmert im Westen der Morgen, geht im Osten bereits der Tag seinem Ende zu. Wer das Land mit dem Zug durchqueren will, verbringt sieben Tage auf der berühmten Transsibirischen Eisenbahn. St. Petersburg liegt näher bei Montreal in Kanada als bei Wladiwostok, der östlichen Endstation der Transsibirischen Eisenbahn.

### Info

**Russland…**
- misst 9 000 km in West-Ost-Richtung und 4 000 km in Nord-Süd-Richtung.
- ist 48-mal so groß wie Deutschland.
- hat den kältesten bewohnten Ort der Erde (–77,8 °C in Oimjakon, gemessen 1938).
- besitzt die größten Mineralvorkommen und Rohstoffreserven aller Länder der Erde.
- hat mit der 12-Millionen-Stadt Moskau die größte Hauptstadt Europas.

**M2** *Transsibirische Eisenbahn – Händler warten auf Reisende*

Im heutigen Russland leben viele unterschiedliche Volks- und Religionsgruppen miteinander. Oftmals kommt es aufgrund der großen kulturellen Unterschiede zu Unabhängigkeitsbestrebungen, denen nicht selten mit militärischer Gewalt entgegengetreten wird.

### Aufgaben

**1** Russland grenzt an vierzehn Nachbarstaaten. Liste sie mithilfe des Atlas auf (Karte: Asien – politische Übersicht).

**2** Wenn es in Moskau 10 Uhr ist, wie viel Uhr ist es dann auf der Halbinsel Sachalin? Arbeite mit dem Atlas (Karte: Zeitzonen).

**3** Beschreibe die fünf Großräume Russlands und benenne die jeweiligen Flüsse, Gebirge und Regionen. Wie lassen sich die Regionen abgrenzen?

**M3** *Gesichter aus Russland – Einblick in die ethnische Vielfalt*

# Großmächte im Wandel

## Die naturräumliche Gliederung Russlands

Russland lässt sich in mehrere Großlandschaften gliedern. Das Osteuropäische Tiefland nimmt den größten Teil des europäischen Russlands ein. Hier befinden sich unter anderem mit Moskau und St. Petersburg auch die größten Städte des Landes. Im Süden liegen landwirtschaftlich besonders intensiv genutzte Gebiete (siehe Seite 86). Die östliche Grenze dieser Landschaft bildet der Ural, der Europa von Asien trennt. Das Gebirge ist etwa 2000 km lang und seine höchste Erhebung, die Narodnaja, erreicht 1895 m.

Nach Osten schließt sich das Westsibirische Tiefland mit ausgedehnten Sumpflandschaften an. Es hat eine Flächengröße von etwa 2,5 Millionen km².

Das Mittelsibirische Bergland kann als ein weites, durch tief eingesenkte Flüsse zergliedertes Hochlandgebiet beschrieben werden. Im Süden markieren hohe Gebirgsketten seine Grenzen.

Östlich des Baikalsees, des tiefsten Binnensees der Erde, erstreckt sich das Ostsibirische Gebirgsland. Hier findet man abwechslungsreiche Oberflächenformen mit Tiefebenen, Mittelgebirgen, Hochlandgebieten und über 3000 m hohen Hochgebirgszügen.

Sibirien wird aufgrund seiner Größe in Russland auch als siebenter Kontinent bezeichnet. Die nordasiatische Großlandschaft ist ungefähr 27-mal so groß wie Deutschland, hat aber nur halb so viele Einwohner. Der wenig besiedelte Raum ist nicht nur reich an Bodenschätzen und Wäldern, sondern auch an Naturschönheiten.

## Aufgabe

**5** Vergleiche die Karte (M4) mit einer Atlaskarte und trage die fehlenden Bezeichnungen in dein Heft ein.

### Merke
Großlandschaften sind durch einheitliche Oberflächenformen gekennzeichnet. In Russland befinden sich Tiefländer insbesondere im europäischen Teil und in Westsibirien. Mittel- und Hochgebirge befinden sich im Zentrum sowie im Osten und am Südrand Sibiriens.

**M4** *Übungskarte Russland*

# Russland – Staat im Umbruch

**M1** *Zerfall einer Weltmacht – die Nachfolgestaaten der Sowjetunion (UdSSR)*

## Info

**Kommunismus, kommunistisches System**

Der **Kommunismus** (von lateinisch: communis „allen gemeinsam") ist eine politische Lehre. Er strebt als politisches System eine Form der Gesellschaft an, in der der Einzelne zugunsten der Gemeinschaft weitgehend auf privates Eigentum verzichtet; alle sollen alles besitzen.

## Aufgabe

**1** Erstelle eine Tabelle der Nachfolgestaaten der Sowjetunion mit Flächengrößen, Einwohnerzahlen und Hauptstädten.

### Merke

Die Sowjetunion zerfiel 1991. Es entstanden 15 Nachfolgestaaten, von denen Russland der größte und bevölkerungsreichste ist.

### Grundbegriff
- Kommunismus

## Ein Imperium zerbricht

Seit dem 16. Jahrhundert regierten Zaren (= Kaiser) von Moskau aus das Russische Reich. Durch Eroberungen und Unterwerfungen vieler Völker vergrößerten sie es, bis es von Polen bis zur Beringstraße und vom Eismeer bis Persien (Iran) reichte.

1917 stürzten Kommunisten den Zaren. 1922 wurde die Union der Sozialistischen Sowjetrepubliken (UdSSR) gegründet. Das Riesenreich wurde durch die kommunistische Partei von Moskau aus mit harter Hand regiert. Niemand durfte Eigentum an Grund und Boden haben, die Industrie wurde verstaatlicht, es gab weder Meinungsfreiheit noch freie Wahlen, keiner durfte seinen Wohnsitz frei wählen. Auch die Russifizierung wurde konsequent durchgesetzt. Jeder musste Russisch als Verkehrs- und Amtssprache lernen und die wichtigsten Ämter wurden mit Russen besetzt.

1985 leitete der damalige Parteichef Michail Gorbatschow erste Reformen ein, die aus der UdSSR einen modernen, auch westlich orientierten Staat machen sollten.

Seine Bemühungen um mehr Freiheit in der Gesellschaft („Glasnost") und um einen demokratischen Umbau von Politik und Wirtschaft („Perestroika") kamen jedoch zu spät. Als die kommunistische Partei an Macht und Einfluss verlor und sich Moskaus eiserner Griff lockerte, erklärten die Teilrepubliken 1991 ihren Austritt aus der Zwangsunion und ihre Unabhängigkeit. Das bedeutete das Ende der UdSSR.

Das sowjetische Imperium zerfiel in 15 Teilstaaten, von denen sich zwölf zur Gemeinschaft Unabhängiger Staaten (GUS) zusammenschlossen. Russland ist davon der größte und bevölkerungsreichste Staat.

**Großmächte im Wandel**

# Gewusst wie

M2 *Zerreißprobe*

## Methode

**So wertest du eine Karikatur aus**

**1. Schritt: Orientierung**
- Betrachte die Karikatur gründlich.
- Verschaffe dir zunächst einen Überblick und ordne die Karikatur einem Thema zu.
- Achte nun auf alle Details und überlege, welche Zusammenhänge dargestellt bzw. gemeint sind.

**2. Schritt: Beschreibung**
- Beschreibe den Sachverhalt, achte auf Personen, Gegenstände und Handlungen sowie auf Gestaltungsmittel (Zeichnung, Text, gegebenenfalls Bildunterschrift).

**3. Schritt: Erklärung**
- Erkläre, wen oder was die Personen, Gegenstände oder Handlungen darstellen bzw. symbolisieren sollen.

**4. Schritt: Wertung**
- Lege dar, welche Personen, Handlungen oder Zustände aufgegriffen werden und was der Karikaturist aussagen und bewirken will.
- Prüfe, ob die kritische Sicht berechtigt und aktuell ist oder ob sie Fehler (z.B. unzulässige Verallgemeinerungen) enthält.
- Stelle dar, wie die Karikatur auf dich wirkt und welche Gedanken sie bei dir hervorruft.

M3 *... auf dem sinkenden Schiff „Sowjetunion"*

M4 *Carter, Reagan und Bush sen. vor dem Denkmal einer Weltmacht*

## Aufgabe

**2** Die Karikaturen M2–M4 behandeln den Zerfall der Sowjetunion.
a) Benenne die in M2 und M3 abgebildeten Personen.
b) Beschreibe jeweils die Inhalte der Zeichnungen und erläutere die „Meinung", die der Zeichner zum Ausdruck bringen will.

# Russland – Staat im Umbruch

**M1** *Herr Baranow wohnt in einem Dorf bei Jakutsk. Er trägt gefrorene Milch nach Hause.*

## Aufgabe

1 Nenne zu jedem Bodenschatz in M3 ein Beispiel, für was er verwendet werden könnte (Lexikon).

**M2** *Eine sibirische Straße im Sommer*

**M3** *Bodenschätze in Russland*

## Schatzkammer Sibirien

*Aus einem alten russischen Märchen:* „Gott flog mit allen Schätzen der Erde über das Land um sie gleichmäßig zu verteilen. Über Sibirien aber erfroren seine Hände. Er konnte die Schätze nicht mehr festhalten und sie fielen zu Boden."

Sibirien ist reich an Bodenschätzen. Hier lagern 85 Prozent des russischen Erdgases sowie drei Viertel der Kohle und zwei Drittel des Erdöls. Die Wälder der **Taiga** liefern den Rohstoff Holz, aus dem – zum Beispiel Möbel und Papier hergestellt werden.

Die Erschließung und Gewinnung der Bodenschätze ist schwierig. Im Norden und Osten Sibiriens ist der Boden bis in eine Tiefe von 500 Metern gefroren. Dieser **Dauerfrostboden** taut im Sommer nur an der Erdoberfläche auf. Darunter bleibt er steinhart gefroren. Das Wasser kann deshalb nicht im Boden versickern und die Landschaft verwandelt sich in einen einzigen Morast. Dann setzt die sogenannte „Rasputiza" ein, die Zeit der Wegelosigkeit. Viele Dörfer sind bis in den Herbst hinein von der Umwelt abgeschnitten. Sie sind nur mit Schiffen, der Eisenbahn oder dem Hubschrauber zu erreichen. In Westsibirien erschweren Sümpfe und Seen den Abbau der Bodenschätze. Erdölbohrtürme zum Beispiel müssen auf künstlichen Inseln aus Sand errichtet werden, damit sie nicht versinken.

Bei der Ausbeutung der Erdöl- und Erdgasfelder sowie anderer Bodenschätze wurden ganze Landstriche Sibiriens zerstört. Im Gebiet von Nishnewartowsk sind 8 000 km² Boden (zum Vergleich: mehr als dreimal die Fläche des Saarlandes) mit Öl verseucht. Öl, das aus undichten Pipelines ausläuft, verschmutzt die Flüsse und das Grundwasser, aus denen Trinkwasser gewonnen wird.

# Großmächte im Wandel

**M4** *Anlage zur Erdölgewinnung in Sibirien*

### „Norilsk Nickel" – Dreckschleuder am Polarkreis

In Norilsk gibt es die größte Nickelerz-**Lagerstätte** der Welt. Auch andere Erze werden hier abgebaut und in Norilsk verhüttet. Dabei entweichen giftige Gase. Die Metallhütten blasen pro Jahr über zwei Millionen Tonnen Schwefeldioxid in die Luft – dreimal mehr als in ganz Deutschland. Die Luft von Norilsk schmeckt sauer auf der Zunge, sie kratzt im Hals. „Wir haben viel für den Umweltschutz getan. Doch wenn der Wind von den Hütten direkt in Richtung Stadt bläst, müssen wir die Produktion stoppen", sagt Andrej Goworow. Er arbeitet bei der Firma „Norilsk Nickel".

(Nach: Fernsehsendung ARD-Weltspiegel vom 17.10.2004)

**M5** *Umweltschäden durch Erzverhüttung*

## Aufgaben

**2** Nenne mögliche Gründe, warum die Erze in Norilsk gleich verhüttet werden.

**3** Die Erschließung und Gewinnung von Bodenschätzen hat in Sibirien zu Umweltschäden geführt. Erkläre (M2, M4–M6).

### Merke
Sibirien ist reich an Bodenschätzen. Die Erschließung der Lagerstätten ist schwierig. Durch die Ausbeutung und Verarbeitung der Bodenschätze wurde die Umwelt geschädigt.

### Grundbegriffe
- Taiga
- Dauerfrostboden
- Lagerstätte

**M6** *Ausgelaufenes Öl wird verbrannt, um die Spuren eines Pipeline-Bruchs zu beseitigen.*

# Russland – Staat im Umbruch

- Produktion: 540 Mrd. m³ Erdgas (= ein Fünftel der Weltproduktion); davon 153 Mrd. m³ in der Region Jamburg
- weltweit größter Exporteur von Gas (250 Mrd. m³ pro Jahr)
- wichtigste Exportländer: Deutschland, Ukraine, Italien, Türkei

**M1** *Gazprom: Produktion und Export von Erdgas*

## Gas aus der Tundra

„Jamburg, 160 km nördlich des Polarkreises in der **Tundra**: Wir stehen im Zentrum eines der größten Erdgasfelder der Welt. Jamburg wurde Anfang der 1980er Jahre in dieser gottverlassenen Landschaft gegründet. Ziel war es, das begehrte Gas aus der Erde zu holen."

(Nach: Rhein-Neckar-Zeitung vom 10.2.1993)

Bohrtürme, Motoren, Pumpen, Rohre und viele anderen Materialien wurden mit der Eisenbahn oder mit Schiffen bis nach Jamburg transportiert. Das Material musste arktistauglich sein. Im Norden Russlands „regiert" neun Monate lang der Winter. Das Thermometer fällt häufig bis auf –50 °C. Bei diesen Temperaturen wirken sich kleinste Materialfehler, wie zum Beispiel eine schlechte Schweißnaht an einem Rohr, stark aus.

Die Erschließung der Erdgas-Lagerstätten von Jamburg war sehr kostspielig. Die Kosten in Höhe von 30 Milliarden Euro konnte der größte russische Gaskonzern „Gazprom" nicht allein aufbringen. Deshalb hat die Firma Gazprom mit der deutschen Firma Wintershall im Jahr 1993 ein **Joint Venture** abgeschlossen. Die Deutschen brachten ihr Know-how beim Bau der Gasförderanlagen sowie beim Verlegen der Pipelines ein. Darüber hinaus haben sie damals zwei Milliarden Euro investiert. Dafür sicherte Gazprom dem deutschen Partner umfangreiche Gaslieferungen zu.

## Aufgaben

**1** Nenne mögliche Probleme, die bei der Erschließung von Erdgasfeldern in Sibirien auftreten.

**2** In Jamburg wurden die Häuser auf Betonstelzen gesetzt, die zehn Meter tief in den Boden reichen. Erkläre (siehe Info).

## Info

**Tundra**

Die Tundra ist eine Vegetationszone der Erde. Sie breitet sich in Russland im Norden, nördlich der Taiga, aus. Die Pflanzen haben sich an das extreme Klima der Tundra angepasst. Die Winter sind lang und kalt (Schneedecke an bis zu 300 Tagen im Jahr). Die Sommer sind kurz und kühl (Monatsmitteltemperatur im Juli unter 10 °C). Typisch für die Tundra ist der Dauerfrostboden.

**M2** *Landschaft bei Jamburg*

# Großmächte im Wandel

**M3** Die Gazprom-Arbeiter müssen bei der extremen Kälte im Winter immer wieder eine Pause machen, um sich aufzuwärmen. Sie tragen Handschuhe, damit die Haut an den Gegenständen aus Metall nicht festfriert. Im Sommer dagegen, wenn die Temperatur mittags manchmal auf 40 °C ansteigt, haben die Arbeiter ganz andere Probleme. Sie werden dann von unzähligen Mücken belästigt. Die Tiere finden ideale Brutgebiete in den Sümpfen und offenen Wasserflächen.

Die Firma Wintershall versorgt in Deutschland viele Haushalte und Industriebetriebe mit Gas. Da es bei uns zu wenig Gas gibt, hat das Unternehmen mit dem russischen Gaskonzern Gazprom einen Vertrag geschlossen. Danach beliefert Gazprom die Firma Wintershall in den Jahren 2005 bis 2030 mit insgesamt 500 Mrd. Kubikmeter Gas. Diese Menge würde ausreichen, um ein Jahr lang alle Mitgliedstaaten der Europäischen Union mit Erdgas zu versorgen.

(Nach: Handelsblatt vom 28.10.2004)

**M5** Russisches Gas für Deutschland

## Aufgaben

**3** Erläutere die Arbeitsbedingungen der Gazprom-Arbeiter (M2, M3, Info).

**4** Berichte über die Förderung des russischen Erdgases und die Lieferung für Deutschland (M4, Atlas).

**5** Warum schließen Firmen ein Joint Venture ab? Begründe.

**M4** Deutschland: Import von Erdgas 2003

### Merke
In Nordrussland gibt es ergiebige Erdgaslagerstätten. Die Erschließung der Gasfelder ist schwierig und kostspielig. Deutschland wird mit Gas aus Russland versorgt.

### Grundbegriffe
- Tundra
- Joint Venture

# Russland – Staat im Umbruch

## Info

**Schwarzerdeböden**
Schwarzerdeböden sind die fruchtbarsten Böden der Erde. Sie verdanken ihre Fruchtbarkeit dem Löss und der dicken Humusschicht. Löss ist ein kalkhaltiges Gesteinsmehl, das während der letzten Eiszeit vom Wind abgelagert wurde.

## Aufgabe

1 Erläutere naturbedingte und vom Menschen verursachte Gründe für die Versorgungsmängel.

**Merke**
Die Steppen Südrusslands sind mit ihren Schwarzerdeböden wichtige Anbaugebiete.
Die landwirtschaftlichen Betriebe der früheren Sowjetunion waren Kolchosen und Sowchosen.

**Grundbegriffe**
- Schwarzerde
- Planwirtschaft
- Kolchose
- Sowchose
- Marktwirtschaft

## Probleme der Landwirtschaft in der Steppe Südrusslands

Im Süden Russlands treffen wir auf die Steppenzone. Der Name Steppe kommt von dem russischen Wort *step* und bedeutet „Grasland". Die Winter in der Steppe sind kalt und schneearm, die Sommer dagegen heiß und trocken. Früher waren die Steppen weite Grasländer, in denen wegen der geringen Niederschläge nur wenige Bäume wuchsen. Die ursprüngliche Vegetation bestand vor allem aus Kräutern und Zwiebelgewächsen (z. B. Tulpen und Lilien). Sie bildete einen dichten Wurzelfilz, der den Boden vor der Abtragung durch Wind und den sturzflutartigen Regen im Sommer schützte. Im Hochsommer verdorrten die Gräser und wurden von den Mikroorganismen des Bodens zu Humus umgewandelt. Die Böden der Steppe bestehen aus **Schwarzerde** und sind daher sehr fruchtbar. Die Steppenzone ist die Heimat unserer Getreidearten und sie gilt heute als „Kornkammer" der Ukraine und Russlands.

## Missernten durch Dürre und Bodenerosion

In der Steppe herrscht keine Niederschlagssicherheit, das heißt, es kann zu wenig oder zum falschen Zeitpunkt regnen. Auf diese Weise entstehen Missernten durch Dürre.

Auch unzureichender Bodenschutz führt letztendlich zu Ernteausfällen. So liegen die großen, ausschließlich mit Getreide bestellten Ackerflächen nach der Ernte über mehrere Monate hinweg brach. In dieser Zeit ist der Oberboden ungeschützt der Erosion ausgesetzt. Unter diesen Bedingungen haben Winde bereits ein Drittel des nährstoffreichen Oberbodens abgetragen. Im Frühjahr, wenn die Schneedecke taut, kann das Schmelzwasser den Oberboden wegspülen. Schluchten, die sogenannten Owragi (Singular Owrag), entstehen.

**M1** *Landwirtschaftliche Nutzung der Steppe*

**M2** *Form der Bodenerosion – Owrag*

# Großmächte im Wandel

## Versorgungsmängel

In der Vergangenheit wurden in Russland nicht immer genug Nahrungsmittel produziert. Dies hing mit der klimatischen Ungunst aber vielfach auch mit Mängeln der **Planwirtschaft** zusammen. Weil Kühlhäuser fehlten, verdarb Fleisch; weil die Ernte schlecht organisiert war oder weil Maschinen nicht einsetzbar waren, blieben die Erträge gering.

Nach dem Zusammenbruch der Zarenherrschaft waren die Kommunisten (siehe Seite 80) an die Macht gekommen. Danach, bis 1991, waren alle landwirtschaftlichen Betriebe in der Hand des Staates oder von Genossenschaften. Von Moskau aus wurde geplant, was in welcher Menge von den **Kolchosen** und **Sowchosen** produziert werden sollte. Die Eigeninitiative der landwirtschaftlichen Betriebe wurde nicht gefördert; auf die Wünsche der Verbraucher wurde wenig Rücksicht genommen.

Nach 1991 wurde die bisherige Planwirtschaft durch die **Marktwirtschaft** abgelöst. Privatbetriebe waren nun erlaubt; die Bauern traten aus den Kollektiven und Staatsgütern aus. Gefordert war nun, eigenes oder gepachtetes Land zu bewirtschaften. Doch viele ehemalige Kolchose- und Sowchosearbeiter hatten als zum Teil spezialisierte Arbeiter keine Erfahrung mit dieser Form des eigenverantwortlich handelnden Landwirts (siehe Seiten 88/89).

## Info

**Landwirtschaftliche Betriebe in der ehemaligen Sowjetunion**

**Kolchose:**
Landwirtschaftlicher Großbetrieb (über 6 000 ha), der im Durchschnitt von über 450 Beschäftigten genossenschaftlich bewirtschaftet wurde. Der Boden gehörte dem Staat und wurde den Kolchosen zur Bewirtschaftung überlassen. Die Kolchosen arbeiteten für den regionalen Markt.

**Sowchose:**
Staatsgut mit etwa 16 000 ha und 470 Beschäftigten im Durchschnitt. Boden, Gebäude und Maschinen gehörten dem Staat, der Leiter war vom Staat eingesetzt. Sowchosen produzierten für den überregionalen Markt und waren stark spezialisiert.

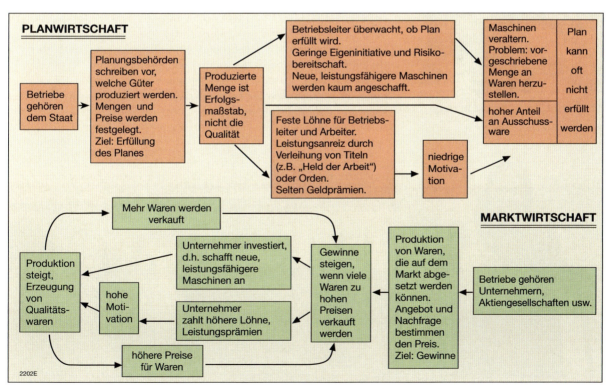

**M3** *In Russland und seinen 14 Nachbarstaaten (ehemalige UdSSR) galt bis Ende 1991 die Planwirtschaft. Heute gehen die Staaten zur Marktwirtschaft über.*

# Russland – Staat im Umbruch

## Aufgaben

**1** Nenne Schwierigkeiten, vor denen ein selbstständiger Landwirt heute in Russland steht.

**2** Erkläre die Bedeutung der privaten Nebenwirtschaften.

**3** Die Familie Guta hat für Russland einen Ausnahmebetrieb. Nenne Gründe für die Erfolgsgeschichte des Betriebes.

## Privatisierung der russischen Landwirtschaft

Mit dem Zerfall der Sowjetunion gingen die landwirtschaftlichen Großbetriebe nach und nach in private Hände über. Den ehemaligen Sowchose- und Kolchosemitarbeitern wurden bei der Auflösung der Betriebe Anteilsscheine an Land, Maschinen und Vieh zugeteilt. Es blieb ihnen überlassen, ihre Anteile zu verkaufen, sie als Mitarbeiter in einen neuen Großbetrieb zu stecken, bei dem sie angestellt waren, oder damit einen eigenen Betrieb zu gründen.

Diese Umgestaltung war jedoch schwierig. Oft änderte sich bei den Großbetrieben nur der Name, die alten Führungskräfte leiteten die „neuen" Betriebe mit dem Unterschied weiter, dass sie jetzt alle Tätigkeiten des Betriebes selbst organisieren mussten. Dies führte bei vielen Betrieben dazu, dass sie nicht in der Lage waren, rentabel zu wirtschaften. Sie wurden aufgegeben. Zurück blieben Brachflächen in großem Ausmaß.

Immer wieder versuchen Menschen, einen selbstständigen Familienbetrieb zu gründen. Sie müssen Kredite aufnehmen, um Betriebsgebäude zu bauen und Maschinen, Saatgut und Düngemittel zu kaufen. Oft fehlt ihnen allerdings das nötige Know-how.

**M1** *Verkauf von selbst erzeugten Waren in Orsk*

### Info

**Private Nebenwirtschaften**

Um die Nahrungsmittel nicht teuer einkaufen zu müssen, betreiben 90 Prozent der Land- und 60 Prozent der Stadtbevölkerung in ihren Gärten, auf gepachteten Ackerflächen oder auf illegal besetztem Land eine kleine Nebenwirtschaft zur Selbstversorgung. Auf diese Weise werden 91 Prozent der Kartoffeln, 76 Prozent des Gemüses und 55 Prozent des Fleisches in Russland erzeugt. Vor allem Rentner verkaufen am Straßenrand ihre selbst erzeugten Produkte, um ihre bescheidenen Renten aufzubessern, die oft kaum zum Überleben reichen.

**M2** *Viele Rentner in Russland leben am Existenzminimum.*

**M3** *Misere in der Landwirtschaft – Pferde statt Traktoren*

# Großmächte im Wandel

## Der Sprung in die Privatisierung

Ivan Mikalaiovitsch Guta berichtet über seinen neu gegründeten Betrieb: „Letztes Jahr feierten wir das zehnjährige Jubiläum unseres Privatbetriebes. Alles begann, als ich 50 Hektar eigenes Ackerland zur Bewirtschaftung zugeteilt bekam. Ich taufte meinen Betrieb ‚Mrija' (Traum). Am Anfang habe ich alle Tätigkeiten im Betrieb selber ausgeführt. Meine Frau arbeitete noch auf der bestehenden Kolchose als Buchhalterin. Dadurch hatten wir zumindest für den Anfang ein kleines festes Einkommen.

Zuerst baute ich alles an, wie ich es früher von der Kolchose gewohnt war, mindestens 15 verschiedene Kulturen und das alles ohne eine Maschine. Mit einem Kredit von der Regierung konnte ich dann aber bald meine ersten Anschaffungen machen.

Durch Zufall traf ich einen holländischen Landwirt, der mir riet, Kartoffeln anzubauen. Ich war zuerst skeptisch, denn bei uns gab es überall zu viel Kartoffeln und verkaufen konnte man die nirgendwo. Er erklärte mir, ich solle beste Qualität liefern und durchhalten, bis man mich als zuverlässigen Lieferanten kenne. Ich hatte Glück: Meine Kartoffeln fanden guten Absatz und ich dehnte meine Anbaufläche aus.

Da es für viele Leute schwierig ist, selber ihr Land zu bebauen, verpachteten sie mir ihre Flächen. So wuchs ‚Mrija' schnell. Heute bewirtschafte ich insgesamt 6 000 Hektar Ackerland, mittlerweile auch mit anderen Feldfrüchten. 20 Prozent der Kartoffeln gehen in eine Verarbeitungsfabrik. Dort werden Kartoffelmehl und verschiedene Fertigprodukte hergestellt. Außerdem gehören Marktfahrer zu meinen Abnehmern. Meine Produkte haben eine gute Qualität und gute Lagereigenschaften, sodass ich die Konkurrenz nicht zu fürchten brauche. Ich bin froh, dass ich den Schritt in die Selbstständigkeit gewagt habe."

**Betriebsspiegel der Familie Guta**
- Die Familie Guta bewirtschaftet drei Betriebe mit insgesamt 6 000 ha Ackerland.
- Betrieb Mrija: 50 ha eigenes Land und 2000 ha zugepachtet, ohne Tierhaltung. Kartoffeln 600 ha, Weizen 2 500 ha, Brache 300–500 ha, Gerste 2 000 ha, Erbsen 300 ha, Raps/Weißer Senf 50 ha.
- Zwei weitere Betriebe mit je 2 000 ha in Nachbardörfern mit 2 000 Milchkühen und 200 Muttersauen.

**M5**

**Merke**
Privatbetriebe haben in der russischen Landwirtschaft die einstigen Kolchosen und Sowchosen abgelöst. Doch viele ehemalige Kolchose- und Sowchosearbeiter scheuen das Risiko, andere scheitern am fehlenden Fachwissen. Zahlreiche Kolchosen und Sowchosen schafften daher den Wechsel zur Privatwirtschaft nicht; sie wurden aufgegeben.

**M4** *Kartoffelanbau in Südrussland*

# Russland – Staat im Umbruch

> **Einwohner:** 10,3 Mio. (zum Vergleich: Berlin 3,4 Mio.)
>
> **Fläche:** über 1000 km² (zum Vergleich: Berlin 892 km²)
>
> **Wirtschaft:**
> Sitz von 20 Prozent aller russischen Unternehmen, Hauptsitz von 75 der 100 größten Banken des Landes, 3,5 Mio. m² Bürofläche (zum Vergleich: Frankfurt a.M. 11,4 Mio. m², Paris 48,2 Mio. m²)
>
> **durchschnittliches Einkommen:** 100 Euro pro Kopf
>
> **Monatsmiete für eine 3-Zimmer-Wohnung im Stadtzentrum:** 3000 Euro (zum Vergleich: Berlin 600 Euro)

**M1** *Moskau in Zahlen*

## Das neue Moskau

„Grelle Schilder, Neonlichter, bunte Reklame ... Der westliche Einfluss hinterlässt überall seine Spuren. Firmen wie McDonalds, Pizza Hut, Adidas, Levi Strauss (Levis), Ikea oder Karstadt haben in der russischen Hauptstadt Moskau Läden eröffnet. Markenbewusste Moskauer kaufen in Filialen von Pierre Cardin, Yves Rocher und Estée Lauder."
(Nach: Lois Fisher-Ruge: Freiheit auf Russisch. Stuttgart 1995, S.15ff)

Nach dem Zerfall der Sowjetunion 1991 hat sich das Stadtbild von Moskau stark verändert. Es hat ein Bauboom eingesetzt. Ältere Wohn- und Geschäftsgebäude wurden restauriert und umgebaut, neue mit Glas verkleidete Bürohochhäuser errichtet. Moderne Einkaufszentren haben im Zentrum der Metropole eröffnet, andere „auf der grünen Wiese" am Stadtrand. Dort sind auch Wohnanlagen mit Luxus-Appartements und Reihenhaussiedlungen entstanden.

Vier Kilometer vom Kreml entfernt wird bis 2012 das künftige Geschäftszentrum der Stadt („Moskow City", Kosten rund 16 Mrd. Euro) aus dem Boden gestampft. Ein Anschluss an das U-Bahn-Netz von Moskau besteht seit 2005. Das neue Stadtviertel wird überragt vom höchsten Wolkenkratzer Europas (Russia Tower 612 m, 118 Etagen, 101 Fahrstühle) und weiteren Hochhäusern. Hierher wollen auch die Moskauer Stadtverwaltung und die Duma, das russische Parlament, umziehen. Der Bürgermeister von Moskau setzt alles daran, um aus Moskau eine moderne europäische Stadt zu machen.

## Aufgaben

**1** Beschreibe die Lage Moskaus:
a) in Russland;
b) in Europa (Atlas).

**2** Vergleiche das Bevölkerungswachstum von Moskau mit dem anderer Städte (Atlas: Asien – Wirtschaft und Bevölkerung, Karte: Bevölkerungsdichte und Wachstum der Städte).

**3** Erläutere, inwiefern man Moskau als Metropole bezeichnen kann (M1).

**4** Schreibe einen kurzen Bericht über das neue Geschäftszentrum „Moskow City" (Text, Suchmaschine „Moscow City").

**M2** *Im größten Kaufhaus von Moskau, dem GUM. Das Angebot in den Geschäften richtet sich heute überwiegend an Kunden mit einem höheren Einkommen.*

## Großmächte im Wandel

### Die zwei Gesichter der Metropole

In Moskau und im übrigen Russland hat sich innerhalb weniger Jahre eine kleine Schicht von Neureichen herausgebildet. Die Zahl der Vielfachmillionäre, der sogenannten Superreichen, wird auf 150 000 geschätzt. Sie geben das Geld in Saus und Braus aus. Sie bauen oder kaufen sich prächtige Villen im In- und Ausland. Sie fahren die teuersten Autos und tragen den teuersten Schmuck. Auf der anderen Seite gibt es Tausende von armen Menschen. Sie wissen nicht, wie sie ihren Lebensunterhalt bestreiten sollen. Zu den Armen zählen auch viele Arbeitslose und Rentner. Die Rentner bekommen vom Staat umgerechnet rund 50 Euro im Monat. Ihr Einkommen ist so gering, dass sie gezwungen sind, etwas Geld dazuzuverdienen oder betteln zu gehen.

Schuld daran, so sagen viele, ist die russische Regierung. Sie hat 1991 die Marktwirtschaft eingeführt. Danach stiegen die Preise für Lebensmittel und die Mieten stark an; diese wurden vorher vom Staat festgelegt. Ehemals staatliche Betriebe wurden an Privatleute verkauft. Zahlreiche der neuen Firmeninhaber haben massenweise Arbeiterinnen und Arbeiter entlassen. Sie konnten keinen Gewinn machen, weil die Zahl der Beschäftigten zu hoch war.

Vor allem die Bevölkerung von Moskau leidet sehr unter den neuen wirtschaftlichen Verhältnissen. In keiner anderen russischen Stadt sind die Lebenshaltungskosten so hoch wie in der Metropole. Viele Moskauer bauen deshalb auf ihrer Datscha (Wochenendhaus mit Garten am Stadtrand) Gemüse und Obst an.

**M4** *Roman Arkadjewitsch Abramowitsch, 42 Jahre, ist der zweitreichste Mann Russlands mit einem geschätzten Vermögen von 23,5 Mrd. US-$ (Warren Buffet, reichster Mann der Welt: 62 Mrd. US-$). Abramowitsch hat in London ein Haus für 40 Mio. und den englischen Fußballclub FC Chelsea für 140 Mio. US-$ gekauft. Ihm gehören zum Beispiel auch drei Jachten sowie zwei Düsenjets.*

### Aufgabe

**5** Es gibt große soziale Gegensätze in Moskau wie auch im übrigen Russland. Erläutere (M3, M4, Text).

**M3** *Arme und reiche Russen*

> **Merke**
> Nach dem Zusammenbruch der UdSSR wurde die Marktwirtschaft eingeführt. In Moskau hat ein Bauboom eingesetzt. In der Metropole leben wenige sehr reiche und viele arme Menschen.

# China – Staat im Aufbruch

**M1** *China*

## Info

**China**
Fläche:
9,572 Mio. km²
(27-mal so groß
wie Deutschland)

Einwohner: 1330 Mio. (2007)
(16-mal so viel wie Deutschland)

Hauptstadt: Peking
(ca. 12 Mio. Einw.)

Größte Stadt: Shanghai
(ca. 17 Mio. Einw.)

Wirtschaftliche Leistung:
1700 Euro pro Einwohner
(Deutschland: 22 500 Euro
pro Einwohner)

## China – ein Land der Superlative

China ist mit 1,3 Milliarden Menschen das bevölkerungsreichste Land und nach Russland, den USA und Kanada das viertgrößte Land der Erde. Es untergliedert sich in drei große Bereiche: Im Osten liegen die Tiefländer mit den Schwemmlandebenen der großen Flüsse. Hier wohnen die meisten Menschen. Westlich schließen zahlreiche Gebirge an mit eingelagerten Hochebenen wie dem Tarimbecken, der Mongolischen Hochebene und der Wüste Takla Makan. Südlich erstreckt sind das Himalaya-Gebirge mit dem höchsten Berg der Erde: dem Mount Everest.

**M2** *Die größten Sanddünen der Welt in der Wüste Gobi*

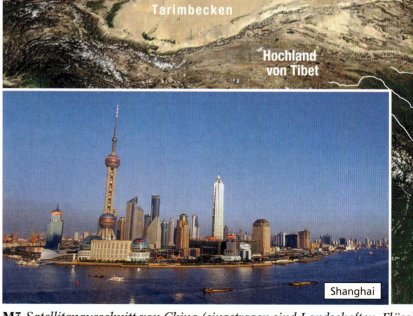

**M3** *Satellitenausschnitt von China (eingetragen sind Landschaften, Flüsse*

## Aufgaben

**1** Ermittele die Namen der Städte und Flüsse in M3.

**2** a) Ermittele die Höhe des Mount Everest und der Turpan-Ebene (Atlas).
b) Erkläre die Überschrift: China – Land der Superlative.

**3** Von Kashi nach Lanzhou verläuft die Seidenstraße (Atlas). Informiere dich im Internet und schreibe einen Text darüber.

# Großmächte im Wandel

**M4** *Karstfelsen am Li-Fluss*

**M5** *Im Tarimbecken*

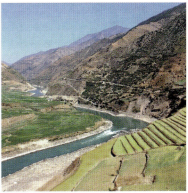

**M6** *Am Mekong in der Provinz Yunnan*

**M7** *Der Jangtsekiang bei den „Drei Schluchten"*

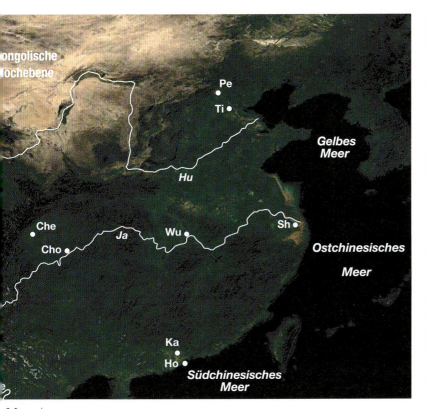

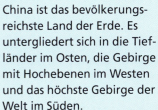

> **Merke**
> China ist das bevölkerungsreichste Land der Erde. Es untergliedert sich in die Tiefländer im Osten, die Gebirge mit Hochebenen im Westen und das höchste Gebirge der Welt im Süden.

*Meere)*

# China – Staat im Aufbruch

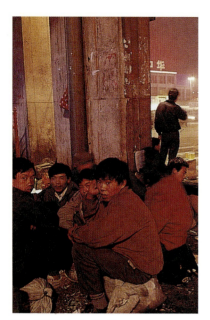

**M1** *Wanderarbeiter auf Jobsuche*

## Reiche Küste – armes Hinterland

Zurzeit hört man in allen Nachrichten vom „chinesischen Wirtschaftswunder". Dieses Wirtschaftswunder ist jedoch sehr ungleich verteilt. Neue Arbeitsplätze und wachsenden Wohlstand gibt es fast nur in der Küstenregion. So hat sich Kanton zur reichsten Provinz entwickelt. Hier gibt es Luxusrestaurants, in denen ein Essen mehr als 1 000 Euro kosten kann. Doch im Landesinneren wird deutlich, dass China noch ein typisches Entwicklungsland ist: Ein Drittel der 900 Mio. Landbewohner ist ständig unterbeschäftigt. 85 Mio. müssen mit weniger als 40 Euro im Jahr auskommen, sie leben unterhalb der Armutsgrenze.

## Auf der Suche nach Arbeit

Deshalb wächst in China die Landflucht: Schon bieten in den Städten (nach chinesischen Schätzungen) 80 bis 150 Millionen Landbewohner als sogenannte „Wanderarbeiter" ihre Dienste an. Sie arbeiten für weniger als die Hälfte der üblichen Löhne und ohne Arbeitsvertrag. In Shanghai sind 500 000 Wanderarbeiter auf Baustellen beschäftigt, in Peking schätzungsweise drei Millionen. Am Rand der Städte entstehen schon die ersten Hüttensiedlungen. Die Regierung will dieser Entwicklung nicht tatenlos zusehen: Sie fördert gezielt die Schaffung neuer Arbeitsplätze auf dem Land. Wie Pilze schießen kleine private Wirtschaftsbetriebe aus dem Boden, beispielsweise Kramläden, Ziegeleien, Transportunternehmen, Schlossereien zum Bau landwirtschaftlicher Geräte oder Möbeltischlereien.

## Aufgaben

**1** a) Beschreibe die Unterschiede zwischen Küste und Hinterland in China.
b) Erkläre die Auswirkungen der Unterschiede zwischen Küste und Hinterland.

**2** Suche im Internet nach weisen Sprüchen des Konfuzius. Welcher Spruch gefällt dir? Begründe.

**3** Berichte über die Veränderung der Rolle der Frau in China.

**4** Warum musste in China das Schulwesen modernisiert werden? Finde Gründe im Text.

**M2** *Gegensätze im Stadtbild von Peking*

# Großmächte im Wandel

## Sozialer Wandel und Bildung

Li Zuohui (15) wohnt in Wuhan und möchte nach der Schule Medizin studieren. Sie hat gute Chancen, da sie eine gute Schülerin ist. Wer gute Noten hat, kann an der Universität aufgenommen werden oder an der Fernsehuniversität studieren, die täglich neun Stunden Unterricht im Fernsehen anbietet.

Das war nicht immer so. Um an einer Universität studieren zu dürfen, mussten früher Bewerber vorher zwei Jahre lang Landarbeit verrichten und eine kommunistische politische Haltung nachweisen.

Bildung für alle Bevölkerungsschichten und die Verringerung der hohen Analphabetenrate gehörte zu den ehrgeizigsten Programmen der Kommunistischen Partei Chinas, die 1949 an die Macht kam. Während der Kulturrevolution (1966 bis 1976) jedoch war Schulbildung verpönt und Millionen von Kindern und Jugendlichen wurden vom Unterricht ausgeschlossen. Nach dem Tod Mao Zedongs 1976 begann China das Konzept der vier Modernisierungen: Landwirtschaft, Industrie, Verteidigung sowie Wissenschaft und Technik sollten auf den neuesten Stand gebracht werden. Dazu ist eine gute Bildung für viele Menschen notwendig. Deshalb wurde das Schulwesen modernisiert und eine neunjährige Schulpflicht eingeführt.

## Männerherrschaft über die Zierde des Hauses

„Drei Gehorsamkeiten" gab es früher für eine Frau in China: Als Kind unterstand sie der Gewalt des Vaters, als Ehefrau der des Gatten und als Witwe der Gewalt des Sohnes. Die „Vier Tugenden" waren rechtes Benehmen, rechtes Aussehen, rechtes Sprechen und rechtes Tun.

Solche Frauen nannte man die „Zierde des Hauses". Auf dem Land gelten diese Regeln noch immer. Und wenn Gäste kommen, darf die Frau nicht mit im Wohnzimmer sitzen, sondern muss in der Küche essen.

### Info
**Lotusfüße**

Lotusfüße sind die kleinen Füße der Frauen in China, die als Schönheitsideal galten. Ein Fuß sollte nicht länger als zehn Zentimeter sein. Das entspricht Schuhgröße 17. Um das zu erreichen, band man den Mädchen ab dem sechsten Lebensjahr die Zehen unter die Fußsohle. Der Fuß wurde so eng mit Bandagen umschlungen, dass er im Wachstum gehemmt und verformt wurde, oft brachen die Knochen. 1911 verbot die chinesische Regierung das Einbinden der Füße. Heimlich wurde es aber weiter betrieben. Noch heute gibt es Frauen mit Lotusfüßen.

### Auto, Telefon und Superjob
In Großstädten und an Universitäten sowie in den großen westlichen Unternehmen wächst eine neue Frauengeneration heran. Bao Xinyan (26) ist Redakteurin bei „China Daily". Sie erwartet von ihrem Traummann, dass er „westlich" aussieht, lange Beine und helle Haut hat, ein Auto und eine eigene Wohnung besitzt und genug Geld auf dem Konto. Schließlich hat auch Bao Xinyan Einiges zu bieten: „Eine gute Figur, einen Studienabschluss an einer Top-Uni und einen Job bei einer englischsprachigen Zeitung." Aussehen, Erfolg und Geld sind auch bei ihr und ihren Freundinnen die Erwartungen an einen Mann.

**M3** *Traumziele – auch beeinflusst durch die Medien*

### Merke
Die meisten Menschen wohnen an der Küste. Hier gibt es Arbeitsplätze und wachsenden Wohlstand. In den ländlichen Gebieten gibt es kaum Arbeit. Die Menschen wandern daher vom Land in die Stadt.
Der Beginn der Modernisierung des Landes vor 30 Jahren war die Grundlage für das Wirtschaftswachstum. Eine neunjährige Schulpflicht wurde eingeführt.

# China – Staat im Aufbruch

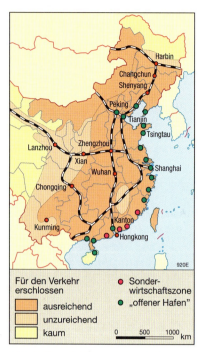

**M1** *Wirtschaftszonen und Verkehr*

## China im Aufbruch

In Shenzhen begann 1979 Chinas Öffnung zur Welt. Bis dahin hatte sich das kommunistische Land 30 Jahre abgekapselt. Die Reisefreiheit der Chinesen und der Handel mit den anderen Staaten der Welt waren stark eingeschränkt. Man importierte kaum etwas; Ziel war es, möglichst alles selbst herzustellen, um nicht auf das Ausland angewiesen zu sein. Alle Wirtschaftsbetriebe waren in Staatsbesitz oder in Besitz von staatlich kontrollierten Genossenschaften. Die gesamte Wirtschaft wurde zentral von Peking aus dirigiert. Privateigentum war verboten.

## Maßnahmen, die den Aufbruch einleiteten

Die Menschen mussten auf viele Dinge verzichten, die für uns alltäglich sind, zum Beispiel auf einen Kühlschrank, ein Moped oder ein Auto. Bis heute sind viele Dörfer nicht einmal an das Telefon-, Elektrizitäts- oder Straßennetz angeschlossen.

Um den Wohlstand anzuheben und neue Arbeitsplätze für die Menschen zu schaffen, beschloss die Regierung 1979, die Industrialisierung mit allen Mitteln voranzutreiben. Nun ließ man Privatunternehmen und Privateigentum zu und wollte stärker mit dem Ausland zusammenarbeiten. Die Küstenregion soll seitdem zum größten Industriegebiet der Erde ausgebaut werden. Dazu richtete die Regierung an der Küste **Sonderwirtschaftszonen** ein, in denen die Ansiedlung vor allem ausländischer Wirtschaftsbetriebe besonders gefördert wird. Eine rege Bautätigkeit und Umgestaltung der Städte und Landschaften an der Küste in atemberaubendem Tempo ist die Folge.

**M2** *Privatbetriebe in Stadt und Land: Scherenschleifer und Essstäbchenfabrik*

# Großmächte im Wandel

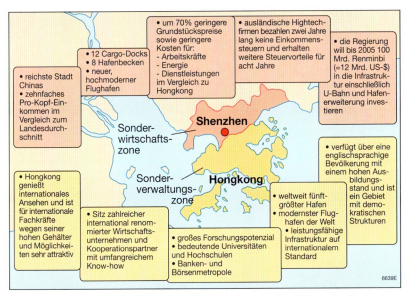

M3 *Die Doppelstadt Shenzhen – Hongkong, der Wirtschaftsmotor Chinas*

## Aufgaben

**1** Berichte über die Öffnung Chinas. Erkläre dabei, was mit „Öffnung" gemeint ist.

**2** In welcher Weise profitieren die Millionenstädte Shenzhen und Hongkong voneinander (M4)?

**3** Nenne Gründe, weshalb sich das Wirtschaftswachstum vor allem in den Städten an der Küste vollzieht.

## Info

### Sonderwirtschaftszonen

Das sind vom chinesischen Staat festgelegte Regionen, die wirtschaftlich besonders gefördert werden, z. B. durch Verbesserung der Infrastruktur und Unterstützung der neuen Firmen mit günstigen Krediten, niedrigen Pachtgebühren oder Steuerermäßigungen. Ziel ist es, möglichst viele Firmen anzulocken, die hier neue Arbeitsplätze schaffen und für den wirtschaftlichen Aufschwung sorgen. Dieser Aufschwung soll sich dann auf das ganze Land auswirken.

### Merke
Die Wirtschaft Chinas ist von einem starken Wirtschaftswachstum geprägt. Die chinesische Regierung fördert die Ansiedlung ausländischer Firmen in Sonderwirtschaftszonen. Auch viele deutsche Firmen investieren in China.

### Grundbegriff
- Sonderwirtschaftszone

M4 *In der Sonderwirtschaftszone Shenzhen*

# Gewusst wie

## Ein Länderprofil erstellen

**Naturraum:** Klima, Berge, Täler, Boden, Gewässer sowie Pflanzen- und Tierwelt

**Wirtschaft:** Landwirtschaft, Bergbau, Industrie, Dienstleistungen (z.B. Tourismus)

**Bevölkerung:** Bevölkerungsverteilung, Städte, Dörfer, soziale Aspekte (z.B. Einkommen, Analphabeten)

**M1** *Viele Merkmale prägen ein Land.*

www.chinafokus.de
www.chessmix.com/de/tools/country_profiles/
Hier könnt ihr aus einer alphabetischen Liste einzelne Länder auswählen und euch dazu Informationen (in englischer Sprache) geben lassen.

**M2** *Internet-Adressen*

### Fremde Länder näher kennenlernen: zum Beispiel China

Auf der Erde gibt es über 190 Länder. Wenn ihr eines oder mehrere davon genauer kennenlernen wollt, entscheidet in der Klasse, welches Land oder welche Länder ihr untersuchen wollt.

Ein Länderprofil erstellen heißt, das Land nach bestimmten Merkmalen wie in M1 zu untersuchen. Dabei sollen auch **typische oder besondere Kennzeichen** des Landes herausgestellt werden. Bearbeitet ihr zum Beispiel China, müsst ihr über die große Bevölkerungszahl *(etwa jeder fünfte Erdbewohner ist Chinese)* oder die gegensätzlichen Landschaften *(höchstes Gebirge der Welt im Westen und flache, fruchtbare Küsten im Osten)* berichten. Es kann auch nützlich sein, zuerst einen kleinen Steckbrief mit der Lage, Größe, Religion oder den Nachbarländern zu erstellen.

Wenn das Länderprofil fertiggestellt ist, könnt ihr das Land auch auf ein spezielles Thema hin untersuchen, zum Beispiel „China – blühende Städte an der Küste".

Die Informationsbeschaffung kann je nach Land lange dauern, sodass ihr für ein Länderprofil mehrere Wochen einplanen könnt.

---

**Mein Land: China**

*Erste Woche:*
Mappe anlegen und Material sammeln, z.B. Zeitungsausschnitte. An die Botschaft schreiben.

*Ab der zweiten Woche:*
Informationsmaterial sortieren, erste Auswertung, Informationen zusammenstellen, Texte, Diagramme u.ä. anfertigen.

*Dritte und vierte Woche:*
Präsentation vorbereiten und vor der Klasse durchführen.

**M3** *Notizen von Jan*

- Atlas
- Der Fischer Weltalmanach
- Reiseführer
- Botschaft des Landes (Adressen über das Informations- und Presseamt der Bundesregierung)
- Tages- und Wochenzeitungen
- Sachbücher aus Büchereien
- Zeitschriften, z.B. Geo, Merian
- Reisekataloge
- Internet-Adressen, z.B. www.auswaertiges-amt.de (länderinfos/index); www.klimadiagramme.de; www.erdkunde.com

**M4** *Verschiedene Informationsquellen*

## Großmächte im Wandel
# Gewusst wie

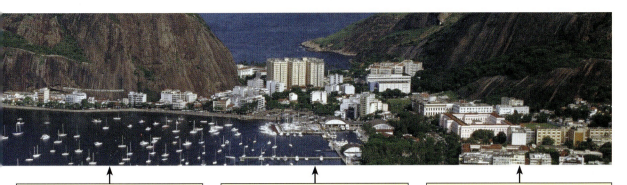

**Verkehr:**
Verkehrswege und Verkehrseinrichtungen

**Kultur:**
Tradition, Bauweise, Religion, Kleidung

**Geschichte und Politik:**
geschichtliche Entwicklung, politische Bedingungen

### So erstellt ihr ein Länderprofil

**Schritt 1: Materialbeschaffung**
Beginnt zeitig, da sich zum Beispiel manche Botschaften Zeit lassen oder Bücher ausgeliehen sind. Besorgt schöne Bilder. Sammelt aktuelle Zeitungsnachrichten.
Nutzt möglichst viele Informationsmöglichkeiten (siehe M4).

**Schritt 2: Materialauswertung**
Arbeitet mit dem Atlas. Fertigt eine Faustskizze oder Kopie an und tragt wichtige Städte, Flüsse, Bodenschätze usw. ein.
Sortiert das Material nach Themen, legt Unwichtiges beiseite.
Schreibt geordnet die Informationen nach M1 heraus. Veranschaulicht Wichtiges.

**Schritt 3: Präsentation der Ergebnisse**
Ihr könnt eure Ergebnisse zum Beispiel als Wandzeitung, als Reiseprospekt oder als „Lexikon" präsentieren. Auch könnt ihr ein Referat halten.
Achtet darauf, dass das Typische eines Landes deutlich wird. Hierbei können Fotos, eine passende Gestaltung und die Farbe von Teilen der Wandzeitung helfen (z. B. China: gelbe Farbe unter chinesischen Schriftzeichen).

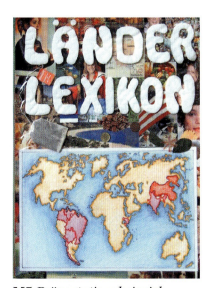

**M5** *Präsentationsbeispiel*

**M6** *Steckbrief China – Titelseite*

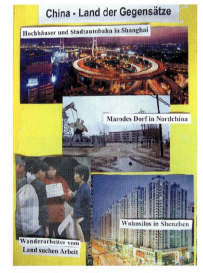

**M7** *China – Themenseite*

# Alles klar? Großmächte im Wandel

## 1. Bist du ein USA-Experte?

a) Wie viele Sterne hat die amerikanische Flagge und warum?
b) Wie viele Streifen hat die amerikanische Flagge? Für was stehen sie?

c) Nenne die drei Großlandschaften der USA.
d) Welcher Ozean grenzt an die USA im Osten, welcher im Westen?
e) Berichte über die Ureinwohner Nordamerikas.
f) Was versteht man unter „Manufacturing Belt"? Wo liegt er genau?

g) Wo liegt der „Boom-Belt"? Warum wird das Gebiet so genannt?
h) Das Sprichwort „Time is money" sagt viel über die Industrienation USA aus. Erkläre.
i) Erkläre die im Vergleich zu Deutschland unterschiedlichen Bedingungen auf dem amerikanischen Arbeitsmarkt.

## 2. Landwirtschaft als Agrobusiness

a) Kennzeichne die Lage der Great Plains.
b) Nenne die beiden Arten von Farmen in den USA. Liste ihre Kennzeichen auf.
c) Skizziere, wie ein agroindustrieller Betrieb geführt wird.
d) Zeige am Beispiel eines Feedlots auf, wie mit wenig Arbeitskräfteeinsatz eine hohe Produktion erreicht werden kann.
e) Agroindustrielle Betriebe belasten die Umwelt. Erkläre.
f) Stelle die Auswirkungen des Agrobusiness auf die Familienfarmen aus der Perspektive von Melvin und Liza Shultz dar.

# Alles klar?

## 3. Russland

a) Welche Antwort ist richtig? Die Buchstaben ergeben ein Lösungswort.

**1** Russland ist
- das größte Land der Erde. (E)
- das zweitgrößte Land der Erde. (A)

**2** Nach dem Zusammenbruch der Wirtschaft wurde
- der Kommunismus eingeführt. (L)
- die Marktwirtschaft eingeführt. (R)

**3** In Moskau gibt es
- einen großen Unterschied zwischen armen und reichen Menschen. (D)
- sehr viele reiche Menschen. (L)

**4** Sibirien ist reich an Bodenschätzen, deren Erschließung aber schwierig ist
- wegen der Tundra. (G)
- wegen der fehlenden Arbeitskräfte. (I)

**5** Weite Gebiete Sibiriens wurden
- durch die Ausbeutung der Bodenschätze zerstört. (A)
- nach der Ausbeutung der Bodenschätze rekultiviert. (E)

**6** Der Dauerfrostboden
- taut im Winter an der Oberfläche auf. (T)
- taut im Sommer an der Oberfläche auf. (S)

b) Schreibe einen Bericht über das Thema, das sich durch das Lösungswort ergibt.

## 4. China – ein Land der Gegensätze

a) Berichte über die Gegensätze, die durch die Abbildung deutlich werden.
b) Shenzhen und Hongkong werden als Wirtschaftsmotor Chinas bezeichnet. Erkläre.

**Grundbegriffe**

- Weltmacht
- Great Plains
- Great Lakes
- Rancher
- Farmer
- Manufacturing Belt
- Silicon Valley
- Boom-Belt
- Technologiepark
- Feedlot
- Agrobusiness
- Factory Farm
- Family Farm
- Mobilität
- Kommunismus
- Taiga
- Dauerfrostboden
- Lagerstätte
- Tundra
- Joint Venture
- Schwarzerde
- Planwirtschaft
- Kolchose
- Sowchose
- Marktwirtschaft
- Sonderwirtschaftszone

# Unsere Eine Welt

Bevölkerungsentwicklung auf der Erde

Genug Nahrung – ungleich verteilt

Kinder müssen arbeiten

Industrie- und Entwicklungsländer

Merkmale eines Entwicklungslandes

Auch ihr könnt helfen!

Verflechtung der Handelsbeziehungen

Chancen und Risiken eines freien Weltmarktes

Wie lange reichen die Rohstoffe?

**M1** *Bombay (Mumbai) in Indien: Eine Stadt – zwei Welten*

# Bevölkerungsentwicklung auf der Erde

Im Internet findest du unter „www.weltbevoelkerung.de/info-service" eine Weltbevölkerungsuhr, die jeweils die aktuelle Bevölkerungszahl anzeigt. Diese Weltbevölkerungsuhr zählt nicht wirklich die Menschen, die auf der Erde geboren werden oder sterben. Ihr liegen Daten des US-amerikanischen Bevölkerungsbüros („Population Reference Bureau: PRB") zu Grunde. Experten beim PRB errechnen den Zuwachs der Weltbevölkerung bis auf die Sekunde (M3).

**M1** *Wie funktioniert die Weltbevölkerungsuhr?*

| pro Jahr: | 80 614 726 | Menschen |
| pro Monat: | 6 717 894 | Menschen |
| pro Woche: | 1 550 283 | Menschen |
| pro Tag: | 220 862 | Menschen |
| pro Stunde: | 9 203 | Menschen |
| pro Minute: | 153 | Menschen |
| pro Sekunde: | 2,6 | Menschen |

**M3** *Wachstum der Weltbevölkerung 2007*

## Die Bevölkerungszahl „explodiert"

Nie zuvor gab es so viele Menschen auf der Erde wie heute: 6,6 Milliarden. Es dauerte etwa 4 000 Jahre, bis auf der Erde drei Milliarden Menschen lebten. Die Verdoppelung auf sechs Milliarden geschah in nur knapp 40 Jahren. Hier kam es zu einer sogenannten **Bevölkerungsexplosion**. Da die medizinische und die technische Versorgung verbessert wurden, sterben weniger Menschen als früher. Durch den Bau von Wasserleitungen zum Beispiel gibt es saubereres Trinkwasser. Es ist jedoch fraglich, ob in Zukunft für so viele Menschen Nahrung und Trinkwasser ausreichen werden.

## Aufgaben

**1** a) Ermittle die aktuelle Zahl der Bevölkerung der Erde (M1).
b) Am 10.11.2008 lebten 6 735 376 897 Menschen auf der Erde. Um wie viele Menschen ist die Bevölkerung gewachsen?

**2** a) Die Bevölkerungszahl der Erde „explodiert". Erläutere (Text, M2, M3).
b) Schreibe zwei Beispiele auf, von wann bis wann die Bevölkerung um etwa eine Milliarde gewachsen ist (M2).
c) Wie viele Jahre liegen jeweils dazwischen (M2)?

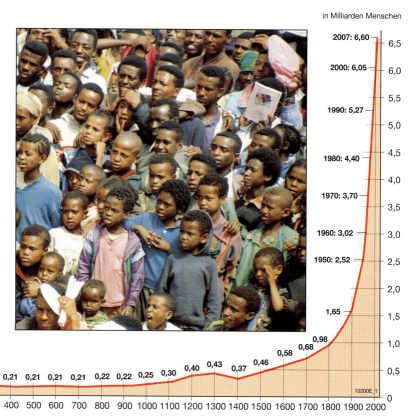

**M2** *Wachstum der Weltbevölkerung von 400 v. Chr. bis heute*

**Unsere Eine Welt**

**M4** *Konon Outtaras Heimat ist der Staat Elfenbeinküste in Nordafrika. Hier lebt er mit vier Frauen zusammen, hat 30 Kinder und 60 Hektar Land. Heute sagt er: „Es war ein Fehler, so viele Kinder in die Welt zu setzen, denn meine Kinder bekommen auch schon Kinder. Im Staat Elfenbeinküste bekommt jede Frau durchschnittlich mindestens fünf Kinder."*

## Wenn die Welt ein Dorf wäre

Wenn im Jahr 2008 die Welt ein Dorf mit nur 100 Einwohnern wäre, wären davon 14 Afrikaner, 5 Nordamerikaner, 11 Europäer, 9 Lateinamerikaner und 61 Asiaten. 50 Menschen im Dorf wären Frauen, 50 Männer. Im Durchschnitt bekämen die Frauen drei Kinder. 29 Menschen wären Kinder unter 15 Jahren und 7 wären älter als 65 Jahre.

Die Zahl der Dorfbewohner würde jährlich um eine Person steigen. Im Jahr 2050 würden bereits 142 Menschen im Dorf leben.

Alex Marshall von der Bevölkerungsabteilung der **Vereinten Nationen (UN)** über die Zahlen zur Weltbevölkerung:
Einerseits hatte es kein Mensch in der Vergangenheit für möglich gehalten, dass so viele Menschen auf einer intakten Erde leben können. Ein Umwelt-Kollaps, Hunger und Atomkriege wurden vorhergesagt; doch es geht uns einigermaßen gut. Auf der anderen Seite leben viele Menschen in größter Armut, und die Bevölkerung wächst weiter.
Jedes Jahr nimmt die Weltbevölkerung um die Einwohnerzahl Deutschlands zu. Es wäre schön, wenn alle diese Menschen auch die Lebensbedingungen von Deutschland hätten. So ist es aber nicht. Sauberes Wasser und ein Arbeitsplatz sind die Hauptprobleme.
(Nach: www.highbeam.com/doc/1P1-23730832.html)

**M5** *Bericht eines Fachmannes für Bevölkerungsfragen*

### Aufgaben

**3** Zeichne zu dem Text „Wenn die Welt ein Dorf wäre" aussagekräftige Diagramme.

**4** Bald sieben Milliarden Menschen: sowohl eine gute als auch eine schlechte Nachricht. Nimm Stellung zu dieser Aussage.

**Merke**
Durch die Verbesserung der Lebensverhältnisse wächst die Bevölkerung der Erde sehr stark.

**Grundbegriffe**
- Bevölkerungsexplosion
- Vereinte Nationen (UN)

# Bevölkerungsentwicklung auf der Erde

## Global langsamer – regional schneller

Die Weltbevölkerung wächst nach wie vor. Aber das Wachstum insgesamt verlangsamt sich. Wuchs die Bevölkerung vor etwa zehn Jahren jährlich noch um über 80 Millionen Menschen, sind es jetzt nur noch etwa 75 Millionen. Beim Bevölkerungswachstum gibt es allerdings deutliche regionale Unterschiede. Eine Europäerin bekommt durchschnittlich 1,4 Kinder, eine Afrikanerin 5,1 Kinder. In den reichen Ländern, wie den USA, Japan und Deutschland, wird die Bevölkerungszahl in den nächsten 50 Jahren etwa gleich bleiben oder sogar leicht abnehmen. Etwa 95 Prozent des Bevölkerungswachstums findet in den armen Ländern statt, zu denen auch Äthiopien gehört (siehe M3 und M5). Bis zur Mitte des Jahrhunderts wird sich die Bevölkerung Afrikas von heute 885 Millionen Menschen auf etwa 1,9 Milliarden verdoppeln. Dies führt zur Überlastung der Gesundheits- und Bildungseinrichtungen in Afrika und behindert die wirtschaftliche Entwicklung. Maßnahmen der **Familienplanung**, wie Sexualaufklärung und der Zugang zu Verhütungsmitteln, sowie eine bessere Schulbildung schaffen Abhilfe.

M1 *Gründe für die niedrige Kinderzahl in den reichen Ländern (a) und Gründe für die hohe Kinderzahl in den armen Ländern (b)*

### Info

**Familienplanung**

Mit Familienplanung bezeichnet man alle Maßnahmen, um die Zahl der Kinder in einer Familie zu beschränken. In den Ländern, in denen die Bevölkerung über die Vorteile der Familienplanung aufgeklärt wurde, gingen die Zahl der Kinder und die Kindersterblichkeit zurück.

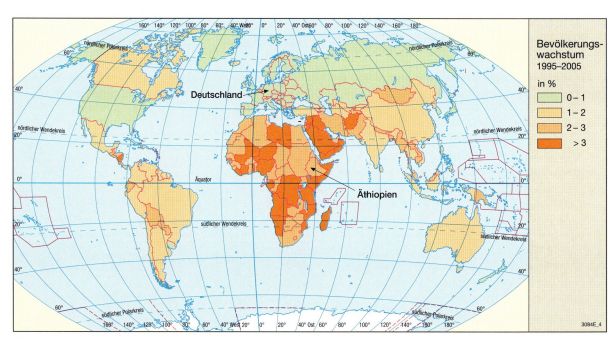

M2 *Bevölkerungswachstum auf der Erde*

# Unsere Eine Welt

## Leben in zwei Welten

**Eden ...**
... lebt in Äthiopien. Sie hat sechs Geschwister.

**Im Alter von 8 Jahren:**
Eden bricht die Schule ab. Sie muss Wasser holen, Brennholz suchen und sich um ihre jüngeren Geschwister kümmern.

**Im Alter von 16 Jahren:**
Eden heiratet einen Mann, den ihre Mutter für sie ausgesucht hat. Sie bekommt ihr erstes Kind. Über Familienplanung weiß sie nichts.

**Im Alter von 29 Jahren:**
Eden ist zum fünften Mal schwanger. Ihr Baby stirbt bei der Geburt.

**Im Alter von 35 Jahren:**
Eden bekommt ihr sechstes Kind.

**Im Alter von 38 Jahren:**
Eden hat bereits vier Enkel.

**Im Alter von 50 Jahren:**
Eden stirbt.

(Nach: Deutsche Stiftung Weltbevölkerung; www.weltbevoelkerung.de)

**Julia ...**
... lebt in Deutschland. Sie hat einen älteren Bruder.

**Im Alter von 8 Jahren:**
Julia geht in die dritte Klasse. Nachmittags spielt sie. Zweimal die Woche geht sie zum Ballettunterricht.

**Im Alter von 16 Jahren:**
Julia geht noch zur Schule. Sie hat ihren ersten Freund. Julia weiß, wie sie eine Schwangerschaft verhüten und sich vor AIDS schützen kann.

**Im Alter von 29 Jahren:**
Julia heiratet. Ihr Studium hat sie vor drei Jahren beendet. Seither ist sie berufstätig.

**Im Alter von 35 Jahren:**
Julia bekommt ihr zweites Kind.

**Im Alter von 38 Jahren:**
Julias Jüngster kommt in den Kindergarten. Sie arbeitet halbtags.

**Im Alter von 50 Jahren:**
Julia ist voll berufstätig.

**Im Alter von 62 Jahren:**
Julia wird Großmutter.

**Im Alter von 82 Jahren:**
Julia stirbt.

**M3** *Zwei Mädchen – zwei Welten*

|  | Deutschland | Äthiopien |
|---|---|---|
| Bevölkerung (in Mio.) | 82,4 | 74,8 |
| Erwartete Bev. 2025 | 80,0 | 107,8 |
| Bev. unter 15 Jahren (in %) | 14 | 44 |
| Bev. über 65 Jahre (in %) | 19 | 3 |
| Zahl der Kinder pro Frau | 1,3 | 5,4 |
| Bev.-Wachstum (in %) | –0,2 | 2,4 |
| Geburten (in %) | 0,8 | 3,9 |
| Lebenserwartung (Jahre) | 79 | 49 |
| Säuglingssterblichkeit (%) | 0,4 | 7,7 |

**M5** *Zahlen zur Bevölkerungsentwicklung*

## Aufgaben

**1** Beschreibe das Bevölkerungswachstum auf der Erde nach Kontinenten (M2).

**2** Vergleiche die Bevölkerungsentwicklung in Äthiopien und Deutschland (M2).

**3** Lies die Lebensläufe von Eden und Julia. Erläutere die Ursachen für die schlechten Entwicklungsmöglichkeiten von Eden (M4, M5).

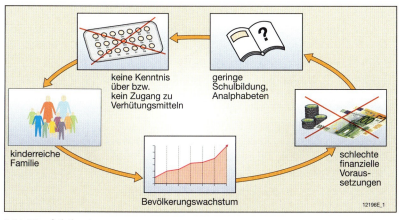

**M4** *Teufelskreis*

### Merke
Zwar verlangsamt sich das Bevölkerungswachstum auf der Erde, aber dennoch wächst in den armen Ländern die Bevölkerungszahl sehr stark. Maßnahmen der Familienplanung sollen Abhilfe schaffen.

### Grundbegriff
- Familienplanung

# Bevölkerungsentwicklung auf der Erde

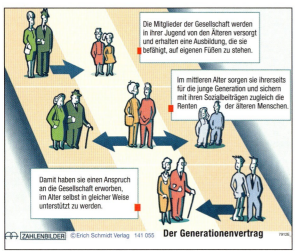

M1 *Der Generationenvertrag*

M3 *Geburten und Sterbefälle*

## Aufgaben

**1** a) Beschreibe die Entwicklung der Geburten und Sterbefälle in Deutschland (M3).
b) Vergleiche sie mit Indien.

**2** Beurteile die Aussage „Deutschland schrumpft – Deutschland ergraut" mithilfe von M5.

## Bevölkerungsentwicklung in Deutschland

Die Einwohnerzahl eines Landes hängt von verschiedenen Einflüssen ab. Dazu gehören die Zahl der Geburten und Sterbefälle sowie die Zu- oder Abwanderungen. 2007 hatte Deutschland 82,4 Millionen Einwohner. Nach Berechnungen des statistischen Bundesamtes in Wiesbaden nimmt diese Zahl bis zum Jahr 2050 stark ab.

Zu diesem langfristigen Bevölkerungsrückgang kommt es, weil in den nächsten Jahrzehnten stets mehr Menschen sterben werden als Kinder geboren werden. Deutschlands Frauen bringen im Schnitt nur noch 1,4 Kinder zur Welt. 2,1 wären aber erforderlich, um die Bevölkerungszahl stabil zu halten. Bei dieser Zahl wird bereits vorausgesetzt, dass jedes Jahr mindestens 100 000 Menschen aus dem Ausland nach Deutschland zuwandern. Ohne Zuwanderung wäre die Bevölkerungszahl noch viel geringer.

Die Bevölkerungsentwicklung ist eine der größten Herausforderungen für die Zukunft unseres Landes. Als Herausforderung erweist sich dabei weniger der langfristige Bevölkerungsrückgang, sondern vielmehr die zunehmende Alterung der Bevölkerung. Der Anteil der über 65-Jährigen wird bis 2050 stark steigen. Die Zahl der 60-Jährigen wird mit gut einer Million dann doppelt so hoch sein wie die Zahl der Neugeborenen; 2006 gab es fast genauso viele Neugeborene wie 60-Jährige. Diese Entwicklung hat auch Auswirkungen auf den **Generationenvertrag**. Auf 100 Personen im Erwerbsalter kommen zur Zeit 45 Personen im Rentenalter. Bis 2050 werden es 85 bis 91 sein. Immer mehr ältere Menschen mit hoher Lebenserwartung erhalten dann Rentenzahlungen, die von immer weniger Erwerbstätigen erwirtschaftet und finanziert werden. Eine langfristige Anpassung der Renten wird daher unumgänglich sein.

(Nach: Bundesministerium des Inneren: Der demographische Wandel in Deutschland – ein Überblick, www.bmi.bund.de)

M2 *Hochrechnungen*

M4 *Der Bevölkerungswandel in Deutschland*

# Unsere Eine Welt

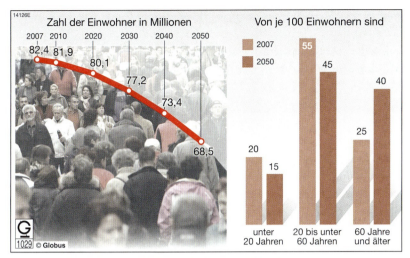

M5 *Bevölkerungsentwicklung in Deutschland*

### „Baby-Boom" in Deutschland – hält er an?

In Deutschland gab es 2007 einen „Baby-Boom". Es wurden fast ein Fünftel mehr Kinder geboren als im Vorjahr. In Bremen kamen 21 Prozent mehr Babys zur Welt, in Köln und Magdeburg 16 Prozent und in Erfurt 13 Prozent. Familienministerin Ursula von der Leyen (CDU) sagte: „Vielleicht ist das der Beginn einer Trendwende."

M7 *Zeitungsartikel*

M6 *Karikatur*

## Aufgaben

**3** Erkläre die Karikatur (M6) unter Zuhilfenahme von M1.

**4** Überprüfe mithilfe des Internets, ob es bei den Geburten eine anhaltende Trendwende gegeben hat (M7).

### Merke
Die Bevölkerungszahl in Deutschland nimmt ab. Gleichzeitig nimmt der Anteil der älteren Menschen zu. Dies hat Auswirkungen auf den Generationenvertrag.

### Grundbegriff
• Generationenvertrag

# Bevölkerungsentwicklung auf der Erde

M1 *Lage von Indien*

## Indien – Bevölkerungswachstum ohne Ende?

Im Jahr 2000 hatte die Einwohnerzahl Indiens die Grenze von einer Milliarde überschritten. Seither kommen jedes Jahr 18 Millionen Menschen hinzu. Nach Vorausberechnungen wird Indien etwa im Jahr 2045 China als heute bevölkerungsreichstes Land der Erde überholen.

Indien hatte als erstes Land der Welt 1952 erkannt, dass ein hohes Bevölkerungswachstum zu großen wirtschaftlichen Problemen führt. Damals bekam jede Frau im Durchschnitt sechs Kinder. Heute hat sich diese Zahl mit 3,1 Kindern fast halbiert. Dies ist das Ergebnis gezielter Maßnahmen der Regierung zur Familienplanung durch Aufklärungskampagnen, Plakat-Aktionen und Fernsehreportagen.

Die indische Regierung bemüht sich, die Zahl der Geburten weiter zu senken. Überall im Land werden Vorträge über Geburtenkontrolle gehalten. Plakate und Fernsehspots werben für eine geringere Kinderzahl und jährlich werden Millionen Kondome kostenlos verteilt. Doch alle diese Maßnahmen der Familienplanung können nur Erfolg haben, wenn die Frauen auch lesen und schreiben können. Denn die Schlüsselrolle bei der Lösung des Bevölkerungsproblems ist der Bildungsgrad der Frauen. So haben Frauen ohne Schulbildung im Durchschnitt sieben, die mit Grundschulbildung sechs und diejenigen mit höherer Bildung weniger als vier Kinder. Besser ausgebildete Frauen sind zudem wegen ihrer Arbeit und Ausbildung anerkannt.

M2 *Bessere Schulbildung für Frauen*

„Ein Sohn ist eine Zukunft, eine Tochter ein Nichts, denn sie geht in das Haus ihres Mannes."

„Ein Mädchen zu fördern ist so, als würde man die Pflanzen im Garten seines Nachbarn bewässern."

M3 *Indische Sprichwörter*

M4 *Indische Großfamilie*

### Merke
Im bevölkerungsreichen Land Indien sind Frauen besonders benachteiligt. Weniger als die Hälfte können lesen und schreiben. Damit die Familienplanung Erfolg hat, muss die Schulbildung der Mädchen verbessert werden.

Das Geschlechterverhältnis in Indien hat sich in den vergangenen Jahren so ungünstig entwickelt, dass dem Land 35 Millionen Frauen fehlen. Der Grund dafür ist grausam: Inderinnen treiben im großen Stil vor der Geburt weibliche Embryonen ab. Bis heute wird ein Mädchen als handfeste finanzielle Belastung angesehen. Schuld sind nicht nur horrende Mitgiften, die sie bei der Heirat mitbringen müssen, eine Rolle spielt auch die indische Sitte, das Hochzeitsfest mindestens eine Nummer größer auszurichten, als es der Geldbeutel zulässt.

(Nach: Jürgen Buchsteiner. In: FAZ vom 30.11.2005, S. 9)

M5 *Fehlende Mädchen und Frauen*

# China – das bevölkerungsreichste Land der Erde

China ist mit etwa 1,3 Milliarden Menschen der bevölkerungsreichste Staat der Erde – und jedes Jahr kommen rund 15 Millionen hinzu. Hier lebt etwa ein Fünftel der Weltbevölkerung.

Das Land wird diktatorisch regiert. Deshalb kann die Regierung Maßnahmen durchsetzen, um das starke Bevölkerungswachstum zu bremsen. Mit Anreizen und Strafen will der Staat erreichen, dass jede Familie nur noch ein Kind hat. „Ein-Kind-Familien" erhalten jedes Jahr eine Geldprämie. Einzelkinder werden bevorzugt bei der Zuteilung eines Kindergartenplatzes, bei der Auswahl der Schulen und später des Arbeitsplatzes. Ehepaare, die sich sterilisieren lassen, bekommen eine Prämie und werden öffentlich gelobt. Alle Familien erhalten kostenlos empfängnisverhütende Mittel. Schwangerschaftsabbrüche werden kostenlos durchgeführt. Wird jedoch ein zweites Kind geboren, macht sich die Familie strafbar. Den Eltern werden zehn Prozent von ihrem Lohn abgezogen. Außerdem müssen sie etwa zwei Monatsgehälter Strafe zahlen. All diese Maßnahmen sind so erfolgreich, dass sich bereits ein Kindermangel abzeichnet.

**M9** *Lage der Volksrepublik China*

## Aufgaben

**1** Erläutere, warum Mädchen gegenüber Jungen in Indien benachteiligt sind (M3, M5).

**2** „Sinnvolle Entwicklungsarbeit muss bei den Frauen anfangen." Bewerte diese Aussage.

**3** Bewerte die Ergebnisse der Familienplanung in China.

**4** Die Bilder M6 und M7 stehen in einem „Ursache-Wirkungs-Zusammenhang". Erkläre.

**5** Die politischen Verhältnisse sind ein Grund für die unterschiedliche Bevölkerungsentwicklung in Indien und China. Begründe diese Aussage.

**M6** *Poster: „Heiratet später und habt weniger Kinder."*

**M7** *Rentnerin bei Fitnessübungen in Peking*

### Merke
China ist mit 1,3 Milliarden Einwohnern noch das bevölkerungsreichste Land der Erde. Das starke Bevölkerungswachstum wurde durch die strikte Ein-Kind-Politik gebremst. Inzwischen werden so wenig Babys geboren, dass sich in Zukunft ein Arbeitskräftemangel abzeichnet.

China ist auf dem Weg in eine Gesellschaft der Alten. Heute leben hier bereits 134 Millionen Menschen, die über 60 Jahre alt sind; in 20 Jahren werden es 280 Millionen sein.
Ursache hierfür ist die staatliche Ein-Kind-Politik. Es werden so wenige Kinder geboren, dass sich bald ein Arbeitskräftemangel abzeichnet. Im Jahr 2020 muss der Markt wahrscheinlich mit zehn Millionen Arbeitskräften pro Jahr weniger auskommen. Und wer soll die vielen Rentner finanzieren?

(Nach: Anna Marohn. In: Handelsblatt vom 23.5.2007, S. 9)

**M8** *China steht vor einer extremen Überalterung.*

# Genug Nahrung – ungleich verteilt

M1 *Lage von Äthiopien*

## Äthiopien – ein armes Land

Äthiopien ist eines der ärmsten Länder der Erde. Über 80 Prozent der 75 Mio. Einwohner leben von der Landwirtschaft. Der größte Teil des Landes ist gebirgig. Es gibt daher kaum Möglichkeiten, neue Ackerflächen zu gewinnen. Gleichzeitig wächst die Bevölkerung sehr schnell. Berechnungen ergeben, dass sie bis 2025 auf 118 Millionen anwachsen wird. Deshalb steht pro Person immer weniger Ackerland zur Verfügung. Während es 1975 noch durchschnittlich 0,4 Hektar landwirtschaftliche Nutzfläche pro Äthiopier gab, waren es im Jahr 2007 nur noch 0,1 Hektar. Die Folge ist, dass immer mehr Familien ihren Nahrungsbedarf nicht decken können. So haben die Bauern kein Geld für den Kauf von notwendigen Arbeitsgeräten oder Dünger.

Immer wieder treten Dürren auf und verursachen große Hungersnöte. Da nur wenige Straßen durch das Land führen, sind Nahrungsmittel-Lieferungen und eine ärztliche Versorgung äußerst schwierig.

## Aus einem Reisebericht

Bei unserem Besuch in einem kleinen Bergdorf Äthiopiens sehen wir eine Gruppe von acht Kindern, die vor einer Hütte sitzt. Das jüngste ist ein Mädchen; es ist etwa vier Jahre alt. Es hält eine Schüssel in seiner Hand und isst einige gekochte Stücke Yams. Dies ist seine erste Mahlzeit seit drei Tagen.

Die älteste Schwester Emma hat den Yams auf der Suche nach Nahrung in einem fast zehn Kilometer entfernten Sumpfgebiet gefunden. Seit die Eltern im vorigen Jahr gestorben sind, muss die vierzehnjährige Emma allein für ihre Geschwister sorgen.

## Aufgaben

**1** a) Lies den Reisebericht und schreibe deine Eindrücke auf.
b) Wie könnte ein Tag im Leben dieser Kinder aussehen?

**2** a) Beschreibe die Ernährungslage in Äthiopien (M2).
b) Vergleiche die Lage in Afrika mit der in Europa (M2).

**3** Lies den Text „Äthiopien – ein armes Land" und nenne zwei Gründe für den Hunger.

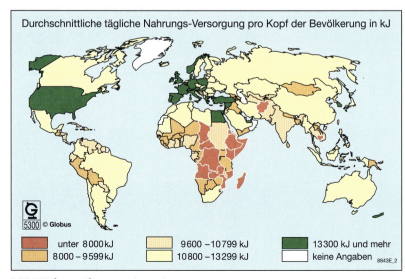

M2 *Welternährungssituation*

**Unsere Eine Welt**

Alle ein bis fünf Sekunden stirbt auf der Erde ein Mensch an den Folgen der **Unterernährung**. 24 000 bis 100 000 Menschen sind es jeden Tag, zehn bis 30 Millionen jedes Jahr. Der Hunger bleibt die Todesursache Nummer eins in der Welt: Noch immer sterben mehr Menschen an Unterernährung als an AIDS, Malaria und Tuberkulose zusammen. Der Hunger fordert auch mehr Opfer als alle Kriege. Die Zahl der Hungernden nimmt weltweit zu. Im Jahr 2006 konnten 854 Millionen Menschen ihren täglichen Energiebedarf von 10 000 kJ nicht decken.

(Nach: dpa vom 16.10.2006)

**M3** *Zeitungsbericht*

| Land | Kohlehydrate | Eiweiß | Fett |
|---|---|---|---|
| Äthiopien | 6 500 kJ | 800 kJ | 400 kJ |
| Indien | 8 500 kJ | 1 300 kJ | 300 kJ |
| Deutschland | 6 000 kJ | 5 000 kJ | 2 000 kJ |

**M4** *Zusammensetzung der Nahrung (pro Person/Tag)*

## Info

### Nahrungsbedarf

Der Nahrungsbedarf eines Menschen ist abhängig von seiner körperlichen Tätigkeit. Sie bestimmt seinen Energieverbrauch. Im Durchschnitt braucht ein Mensch ca. 10 000 kJ (Kilojoule) am Tag. Beim Schlafen sind es in einer Stunde etwa 84 kJ, beim Stehen 185 kJ, beim Gehen (5 km/h) 790 kJ, beim Holzhacken 1200 kJ und beim Dauerlauf 2 520 kJ.
Auch die Zusammensetzung der Nahrung ist wichtig. Sie sollte etwa zu 60 Prozent aus Kohlehydraten (z. B. Getreide, Kartoffeln) bestehen sowie zu mindestens 15 Prozent aus Eiweiß (z. B. Fleisch, Fisch, Milch, Soja) und Vitaminen (z. B. Obst).

Seit 20 Jahren steigen Übergewicht und Fettsucht in den Industriestaaten dramatisch an. Sieben bis acht Prozent der Kinder in Deutschland sind fettsüchtig. Als zu dick gelten sogar jedes fünfte Kind und jeder dritte Jugendliche.
Kinder mit großen Gewichtsproblemen leiden frühzeitig an Diabetes (Zuckerkrankheit), Fettleber oder haben Haltungsschäden.

(Nach: Frankfurter Rundschau vom 16.07.2007)

**M7** *Zeitungsartikel*

## Aufgaben

**4** Lies M4. Vergleiche die Ernährung in den drei Ländern (Info).

**5** Beurteile die Ernährungssituation in Deutschland (M7).

**6** a) Berechne deinen ungefähren Energieverbrauch an einem normalen Tag (Info).
b) Untersuche, ob die Zusammensetzung deiner Nahrung richtig ist (Info).

**M5** *Unterernährtes Kind*

**M6** *Überernährter Mann*

### Merke
Besonders in Afrika, aber auch in Südasien und Teilen Südamerikas haben viele Menschen nicht genug zu essen oder ihre Nahrung enthält nicht genügend Eiweiß und Vitamine. Der Hunger fordert jedes Jahr Millionen von Todesopfern.

### Grundbegriff
- Unterernährung

# Genug Nahrung – ungleich verteilt

| | |
|---|---|
| Deutschland | 79 Jahre |
| USA | 78 Jahre |
| China | 72 Jahre |
| Brasilien | 72 Jahre |
| Indien | 63 Jahre |
| Südafrika | 47 Jahre |
| Mali | 49 Jahre |
| Äthiopien | 49 Jahre |

**M1** *Lebenserwartung in verschiedenen Ländern 2008*

**M2** *Auswirkungen von Unterernährung*

## Welt der Hungernden – Welt der Satten

Die auf der gesamten Erde erzeugten Nahrungsmittel würden ausreichen, um alle Menschen zu ernähren. Trotzdem hungert etwa eine Milliarde Menschen. Die Hauptursache für den Hunger ist die Armut. 1,3 Milliarden Menschen haben pro Tag weniger als einen US-Dollar zum Leben. Sie können sich somit kaum Nahrungsmittel kaufen und wenn, dann nur die billigsten. Obst oder gar Fleisch sind meistens zu teuer.

Aufgrund der Armut haben die Menschen oft auch keinen Zugang zu sauberem Wasser und können sich bei Krankheit keine Medikamente leisten. Statt zur Schule zu gehen, müssen die Kinder zum Lebensunterhalt beitragen.

Die Menschen in den Industriestaaten hingegen produzieren Nahrungsmittel im Überfluss. Viele nicht verkaufte Lebensmittel werden sogar als Müll vernichtet.

## Aufgaben

**1** a) Beschreibe M3. Unterscheide dabei nach Großräumen der Erde.
b) Schreibe die Namen der Staaten auf, in denen mehr als 50 % der Bevölkerung mit weniger als 1 US-$ pro Tag leben müssen.

**2** Erläutere die Auswirkungen von Unterernährung auf Kinder (M2).

**3** Erkläre den Zusammenhang von Hunger und Armut auf der Erde (M2, M3).

**4** Werte eine der beiden Karikaturen aus (M5).

**5** Beurteile das Projekt von Karl-Heinz Böhm (M4).

**6** Nimm Stellung zu den Ursachen des Hungers (M7). Welche sind deiner Meinung nach besonders wichtig und warum?

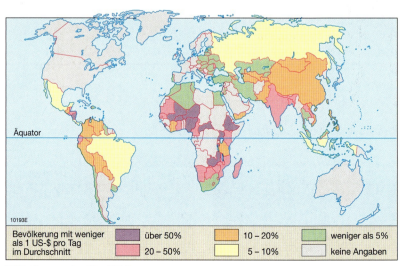

**M3** *Armut in der Welt*

# Unsere Eine Welt

### Einsatz für andere

1981 gründete der Schauspieler Karl-Heinz Böhm die Organisation „Menschen für Menschen", um der Bevölkerung in Äthiopien zu helfen. Er selbst lebt jedes Jahr für einige Monate im Land und organisiert Hilfsprojekte. Im übrigen Teil des Jahres reist er durch Europa, hält in vielen Ländern Vorträge und sammelt dabei Geld für seine Organisation. Davon lässt er in Äthiopien unter anderem Brunnen bauen sowie Kindergärten, Jugendheime und Krankenhäuser errichten. Weiterhin werden Hilfskräfte ausgebildet, die seine Arbeit in Äthiopien unterstützen und sie später einmal selbst weiterführen.

**M4** *Karl-Heinz Böhm engagiert sich für Äthiopien.*

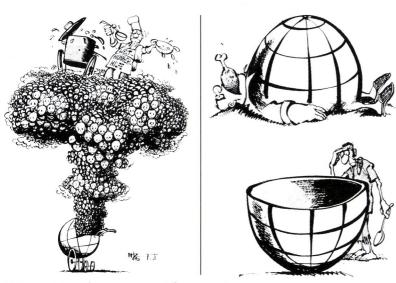

**M5** *Zwei Karikaturen zum Thema „Hunger"*

Bob Geldof organisierte im Sommer 2005 fünf Rockkonzerte mit 100 Gruppen. Stars wie Robbie Williams und U2 spendeten ihre Gage für Afrika. Zwei Milliarden Menschen sahen diese Konzerte im Fernsehen. 2007 war Bob Geldof für einen Tag in der Redaktion der Bildzeitung, um auf die schwierige Situation in Afrika aufmerksam zu machen.

**M6** *Bob Geldofs Engagement für Afrika*

### Merke

Auf der Erde werden insgesamt genügend Nahrungsmittel erzeugt, um alle Menschen zu ernähren. Trotzdem hungern weltweit etwa eine Milliarde Menschen. Hauptursache für den Hunger ist die Armut.

**M7** *Einige Ursachen des Hungers*

# Kinder müssen arbeiten

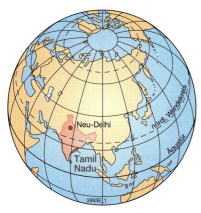

**M1** *Die Lage des indischen Bundesstaates Tamil Nadu*

## Aufgaben

**1** Arbeitet wie Kinder in Indien (M2) und beschreibt danach eure Eindrücke.

**2** Beurteile die Arbeit von Pandisvari (M3 und M4).

**3** Schreibe einen Text, wie das zukünftige Leben von Pandisvari verlaufen könnte.

**4** Wie lange müsste Pandisvari arbeiten, um die 50 000 Rupien für ihre Hochzeit selbst zu verdienen? Berechne (M4).

> Räumt die Tische der Klasse an die Wände. Stellt die Stühle mitten in den Raum in zwei Reihen – so, dass sich die Lehnen berühren. Die Sitzflächen sind eure Arbeitsflächen. Ihr sitzt auf der Erde. Nehmt nun ein loses Rechenblatt und zwei Buntstifte mit unterschiedlicher Farbe. Zeichnet damit genau auf die Linienkreuze einen Punkt, immer abwechselnd in der Farbe. Zeichnet saubere Reihen! Redeverbot! Arbeitet so 15 Minuten.

**M2** *Arbeiten wie Kinder in Indien*

**M3** *Pandisvari bei der Arbeit*

### Pandisvari – ein „Streichholzkind" in Indien

Pandisvari hat die Hände eines Roboters. Blitzschnell tauchen die schmalen Finger in den großen Haufen kleiner Hölzer, greifen eine Handvoll Stäbchen heraus, ziemlich genau 52 Stück, und verteilen sie mit perfekt abgezirkeltem Schwung in kaum fünf Sekunden auf die 52 Rillen einer Latte, und dies so lange bis 52 Latten für einen Holzrahmen gefüllt sind. Dann beginnt alles von vorne. Jeder Handgriff sitzt. Die Elfjährige arbeitet schnell, still und ohne erkennbare Anstrengung, fast wie eine Maschine – von sechs Uhr morgens bis sechs Uhr abends, sechs Tage in der Woche.
Etwa 20 Mädchen kauern in dem halbdunklen Raum vor ihren Streichholzrahmen, die Jüngste ist neun, die Älteste 14 Jahre alt. Durch die Reihen geht Herr Murgan, der Besitzer dieser Fabrik. In der Hand hält er einen Stock, den er regelmäßig benutzt. Reden ist nicht erlaubt. Die Schläge sind aber nicht das Schlimmste für Pandisvari. Das Schlimmste ist die „Giftküche" in einer Ecke des Raumes. Hier wird Schwefel erhitzt, aus dem die Hölzer ihre rote Kuppe bekommen. Ein etwa vierzehnjähriger Junge taucht die fertigen Rahmen mit den Spitzen der Hölzchen nach unten in den Schwefel-Bottich. Anschließend löscht er sie kurz in einem Wasserbad ab. Jedes Mal zischt es und ätzende Dämpfe ziehen durch den Raum. Sie brennen in den Augen und reizen die Lungen. Immer wieder muss Pandisvari husten, und das geht allen Kindern so. Pandisvari arbeitet im Akkord. Am Tag verdient sie fünfzehn Rupien, das sind ungefähr 50 Cent.

(Nach Frank Hermann: Bei den Streichholzkindern in Indien. In: Bal-Samsara 1/95 DWH Bonn)

**M4** *Kinderarbeit im indischen Bundesstaat Tamil Nadu*

# Unsere Eine Welt

## Ursachen und Folgen der Kinderarbeit

Indische Eltern sind oftmals froh über jede Rupie, die ihre Kinder nach Hause bringen. Viele von ihnen haben Schulden, weil sie bei nur geringen Einkünften hohe Geldausgaben haben. So mussten Pandisvaris Eltern zur Hochzeit der älteren Tochter 50 000 Rupien ausgeben. Das meiste Geld haben sie sich von einem Geldverleiher besorgt, der aber 60 Prozent Zinsen verlangt. Ohne die Mithilfe von Pandisvari könnten sie diese Schulden nie abbezahlen. Dafür nehmen es die Eltern in Kauf, dass ihre Tochter wahrscheinlich nicht älter als 40 oder 45 Jahre wird – das ist die durchschnittliche Lebenserwartung der Streichholzkinder. Sie können im Qualm der Fabrik an Tuberkulose oder Krebs erkranken, ihre Körper können krumm werden, weil sie den ganzen Tag im Schneidersitz auf dem Steinfußboden hocken. Vor allem können sie nicht oder nur unregelmäßig zur Schule gehen und erhalten keine vernünftige Schulbildung.

In Indien ist **Kinderarbeit** weit verbreitet. Ganze Industrien haben sich auf Kinderarbeit eingestellt, wie auch die kleine Fabrik von Herrn Murgan. Er sagt: „Ich beschäftige die Mädchen nur, weil mich die Eltern darum bitten. Eigentlich ist Kinderarbeit verboten, das weiß ich. Aber was soll ich machen?"

**M6** *Armut und Kinderarbeit*

### Info

**„Match Belt" („Steichholz-Gürtel")**

Im indischen Bundesstaat Tamil Nadu werden 80 Prozent aller indischen Zündhölzer hergestellt. Für Landwirtschaft im größeren Stil ist es hier zu trocken. Die Streichholzfabriken haben der ganzen Gegend ihren Namen gegeben: Match Belt. In den 600 größeren und 6 000 kleinen Fabriken arbeiten schätzungsweise 80 000 Kinder; die meisten von ihnen sind Mädchen. Die Schachteln tragen bunte Etiketten mit vielversprechenden Namen. „Flower" heißt zum Beispiel das Produkt von Herrn Murgan. Es enthält den Zusatz, dass der Kunde damit „De-Luxe-Zündhölzer" kauft.

### Aufgaben

**5** Beurteile Herrn Murgans Behauptung zur Kinderarbeit (Text).

**6** Stelle den Zusammenhang zwischen Armut und Kinderarbeit dar (M6).

**7** Bewerte die Vorschriften von RUGMARK im Hinblick auf eine sinnvolle Maßnahme gegen Kinderarbeit (M5).

Das RUGMARK-Warenzeichen (engl. rug: Teppich) wird an Teppichknüpf-Betriebe in Indien und anderen Ländern vergeben, die auf die Beschäftigung von Kindern unter 14 Jahren verzichten. Außerdem müssen sich die Unternehmer verpflichten, den gesetzlich vorgeschriebenen Mindestlohn zu zahlen. Weiterhin müssen sie zwei Prozent des eingenommenen Geldes aus dem Teppichverkauf für die Bezahlung von Lehrerinnen und Lehrern sowie den Bau von Schulen und Kindergärten abgeben.

**M5** *RUGMARK-Teppiche sind ohne Kinderarbeit hergestellt.*

### Merke

Weltweit arbeiten über 200 Millionen Kinder bis zu zwölf Stunden am Tag. Die Arbeit ist oft zu schwer für die Kinder. Manche arbeiten schon ab einem Alter von fünf Jahren. Sie gehen kaum oder gar nicht zur Schule.

**Grundbegriff**
- Kinderarbeit

# Industrie- und Entwicklungsländer

## Info

**Eine Welt – Dritte Welt**
Die Entwicklungsländer werden auch Länder der Dritten Welt genannt. Der Begriff geht auf eine alte Einteilung der Erde in drei Welten zurück. Als Erste Welt bezeichnet man die reichen Industrieländer. Sie liegen vor allem auf der Nordhalbkugel. Als Zweite Welt bezeichnete man früher die ehemaligen kommunistischen Länder in Osteuropa, ebenfalls auf der Nordhalbkugel gelegen.
Heute spricht man einerseits von reichen Ländern oder Industrieländern und andererseits von armen Ländern oder Entwicklungsländern oder Ländern der Dritten Welt. Diese liegen vor allem auf der Südhalbkugel. Wir alle leben in der Einen Welt. Dem liegt die Erkenntnis zu Grunde, dass nur gemeinsames Handeln der Menschen aller Staaten der Erde die Zukunft der Menschheit auf Dauer sichern kann.

## Armer Süden – reicher Norden

Das Bruttoinlandsprodukt (BIP) pro Einwohner ist ein Kennzeichen für die Wirtschaftskraft eines Landes. Danach lebt fast ein Drittel der Weltbevölkerung unterhalb der Armutsgrenze. Das heißt, dass etwa zwei Milliarden Menschen ihre wichtigsten **Grundbedürfnisse** nicht erfüllen können. Die meisten dieser Menschen leben in **Entwicklungsländern**, auch **Dritte Welt** genannt. In den **Industrieländern** wie zum Beispiel Deutschland ist das BIP pro Einwohner deutlich höher. Die Entwicklungsländer, die sich „auf der Schwelle" zum Industrieland befinden, werden **Schwellenländer** genannt.

Als Maß für den Entwicklungsstand eines Landes, und damit als Maß die Lebensbedingungen der Menschen, ist das BIP allein nicht geeignet. Die UNO lässt jedes Jahr die Länder der Erde nach dem „Grad der menschlichen Entwicklung" berechnen. Dies ist der **Human Development Index (HDI)**. Die Industrieländer haben einen hohen HDI; der HDI der Entwicklungsländer liegt unter 0,5.

## Info

**Human Development Index (HDI)**
Der HDI drückt den Entwicklungsstand von Staaten aus. In die Berechnung gehen nicht nur Einkommen und wirtschaftliche Leistung ein, sondern auch die Lebenserwartung und das Bildungsniveau. Der HDI-Wert überträgt diese Merkmale auf eine gemeinsame Grundlage. Er schwankt zwischen 0 und 1. Je näher der Wert eines Landes bei 1 liegt, desto höher ist es entwickelt.

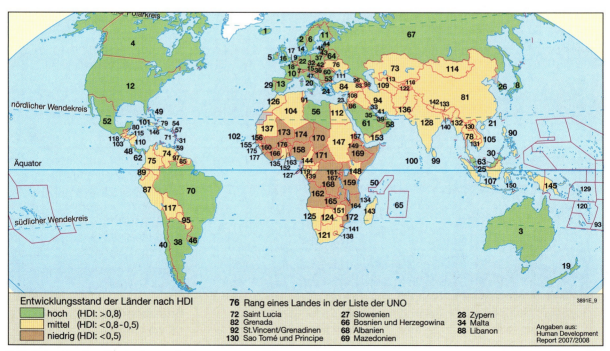

**M1** *Die Länder der Erde nach ihrem Entwicklungsstand*

# Unsere Eine Welt

## Aufgaben

**1** Nenne jeweils zwei Staaten in Südamerika, Afrika und Asien, die zu den wirtschaftlich am wenigsten entwickelten gehören (M1, Atlas, Karte: Erde – Staaten).

**2** Erläutere die Anteile der Industrieländer und der Entwicklungsländer in den einzelnen Bereichen von M2.

**3** Analysiere, inwieweit die Grundbedürfnisse der einzelnen Menschen erfüllt werden:
a) in einem reichen Industrieland,
b) in einem Land der Dritten Welt (M4).

**4** Erkläre die Überschrift: „Armer Süden – reicher Norden".

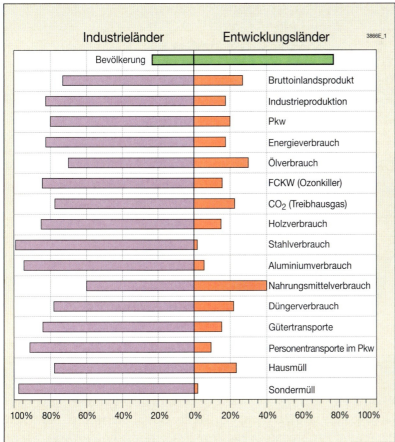

**M2** *Industrie- und Entwicklungsländer im Vergleich*

**M3** *Die wichtigsten Grundbedürfnisse des Menschen*

### Merke
Die reichen Länder der Erde sind die Industrieländer, die armen die Entwicklungsländer. Schwellenländer werden Staaten genannt, die fast schon Industrieländer sind. Wir alle leben in der Einen Welt und sollten uns dafür einsetzen, dass die Grundbedürfnisse aller Menschen erfüllt werden.

### Grundbegriffe
- Grundbedürfnis
- Entwicklungsland
- Dritte Welt
- Industrieland
- Schwellenland
- Human Development Index (HDI)

# Merkmale eines Entwicklungslandes

**M1** *Lage von Peru*

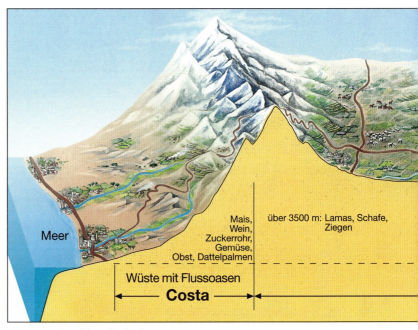

**M4** *Die Großlandschaften Perus*

**M2** *Verteilung der Bevölkerung*

## Ein Land – drei Großlandschaften

Wenn man von Lima aus nach Osten fährt, kommt man durch drei verschiedene Großlandschaften Perus: **Costa**, **Sierra** und **Selva**. Im Westen am Pazifischen Ozean liegt die Costa, die Küstenwüste. Sie ist über 2000 km lang und 50 bis 150 km breit. Rechts und links der Straße sieht man keinen Baum und keinen Strauch, nur Sand. Die Costa wird durch Flüsse aus der Sierra unterbrochen. In diesen Flussoasen wird Bewässerungslandwirtschaft betrieben.

Weiter östlich schließt sich an die Costa die Sierra an; das ist das Gebirgsland der Anden. Es besteht aus mehreren Bergketten, die bis zu 6700 m hoch sind. Zwischen zwei Gebirgszügen liegt in fast 4000 m Höhe eine Hochfläche: das Altiplano mit dem Titicacasee. Hier weiden Lamas und Alpacas. Die Täler sind fruchtbar und zumeist dicht besiedelt. An den steilen Berghängen haben die Bauern Terrassen angelegt, um Landwirtschaft zu betreiben.

**M3** *Autoverladung in Pucallpa*

**M5** *Tankwagen mit Trinkwasser bei Lima*

## Unsere Eine Welt

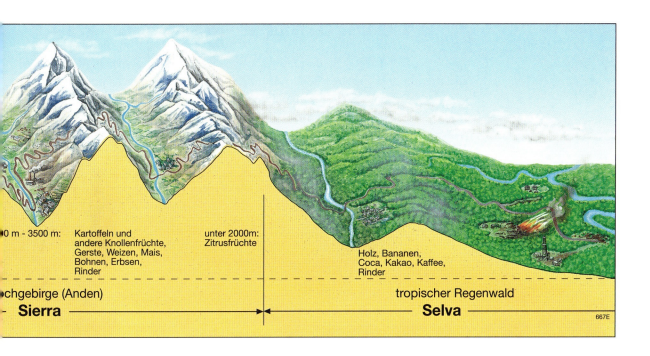

Die Selva ist das Tiefland im Osten Perus, das zum tropischen Regenwald Südamerikas gehört. Sie ist sehr dünn besiedelt und vielfach noch unerschlossen. Es gibt nur wenige Straßen, die vor allem in der Regenzeit großenteils überschwemmt sind. Hauptverkehrsmittel ist dann das „Pequepeque", ein Kanu mit Motor, auf den zahlreichen Zuflüssen des Amazonas. Auf gerodeten Flächen liegen Plantagen von Großgrundbesitzern oder internationalen Firmen. Teilweise wird Coca angebaut, dessen Blätter der Grundstoff für Kokain sind; diese Blätter werden allerdings auch zu Tee und Bonbons verarbeitet.

| Ort (Landschaft, Höhe) | Lima (Costa, 128 m) | Cuzco (Sierra, 3416 m) | Iquitos (Selva, 108 m) |
|---|---|---|---|
| Jahresniederschlag (mm) | 13 | 750 | 2 845 |
| Januartemperaturen (°C) | 22 | 16 | 27 |
| Julitemperaturen (°C) | 15 | 15 | 26 |

**M6** *Niederschläge und Temperaturen*

### Aufgaben

**1** Stelle Informationen zu den drei Großlandschaften Perus zu folgenden Themen zusammen (M2, M4):
a) Landschaft (Höhenlage, Pflanzen, Flüsse);
b) Bevölkerungsverteilung, Städte;
c) Landwirtschaft.

**2** Ordne M3, M5 und M7 den Großlandschaften Perus zu.

**M7** *Am Titicacasee*

### Merke
Peru gliedert sich in die drei Großlandschaften Costa, Sierra und Selva.

### Grundbegriffe
- Costa
- Sierra
- Selva

# Merkmale eines Entwicklungslandes

**M1** *Grabstock statt Pflug*

## Zu wenig Land für zu viele Menschen

Die Indios in der Sierra leben von der Landwirtschaft. Wie vor 500 Jahren bearbeiten sie ihr Land mithilfe von Grabstock und Sichel. Die meisten Bauernfamilien besitzen sehr wenig Land und sind Selbstversorger. Von den Erträgen ihrer Landwirtschaft können sie zwar leben, doch sie reichen nicht aus, um damit zum Beispiel Maschinen zu kaufen.

Neben den Bauernfamilien gibt es Hunderttausende, die kein Land besitzen. Sie sind darauf angewiesen, in den Bergwerken oder auf den landwirtschaftlichen Großbetrieben während der Erntesaison zu geringen Löhnen Arbeit zu finden.

Durch Abwanderung in die Städte hoffen die Menschen auf geregelte Arbeit und ein angenehmeres Leben. Es sind vor allem die jungen Leute, die fortziehen. Um diese **Landflucht** zu verringern, versucht die peruanische Regierung, die Lebensbedingungen auf dem Land zu verbessern.

## Das Beispiel Macari

Macari ist ein Dorf in der Nähe von Cuzco mit etwa 300 Einwohnern. Die Dorfgemeinschaft hat sich zum Ziel gesetzt, die Abwanderung aus ihrer Gemeinde zu verhindern. Hierzu nutzt sie Fördergelder der Regierung. Zunächst wurde die Wasserversorgung verbessert: Es wurden eine Quelle gefasst, ein Hochbehälter am Rand des Dorfes zum Sammeln des Wassers errichtet und von dort Leitungen zu den verschiedenen Wasserzapfstellen verlegt. Weiterhin wurde eine Straßenbeleuchtung gebaut.

Die Bauern haben sich auf die Herstellung von Ziegenkäse spezialisiert, der im ganzen Hochland und in Lima verkauft wird. Mit dem erwirtschafteten Geld konnten die Dorfbewohner einen Traktor und zwei Anhänger kaufen.

## Aufgaben

**1** Welche Auswirkungen hat die Landflucht auf die Lebensverhältnisse in der Sierra?

**2** Beurteile die Ziele der Dorfgemeinschaft von Macari.

**3** Nimm Stellung zur Entwicklung der Terms of Trade.

---

- Verbesserung der Trinkwasserversorgung (Bau von Leitungen)
- Aufforstungsprogramme
- Anbau von Grünfutter für Weidetiere
- Errichtung von Bewässerungsanlagen in der Landwirtschaft
- Einführung umweltfreundlicher und biologischer Anbaumethoden
- Förderung von Kleinunternehmen für die industrielle Verarbeitung landwirtschaftlicher Produkte

**M2** *Maßnahmen zur Verbesserung der Situation in der Sierra*

**M3** *Die Dorfgemeinschaft von Macari, im Hintergrund der neu gebaute Hochbehälter für das Trinkwasser*

# Unsere Eine Welt

## Zu wenig Geld für wertvolle Rohstoffe

Peru verfügt nur über wenige eigene Industrien. Das Land liefert vorwiegend Rohstoffe für den Weltmarkt, zum Beispiel Zink und Kupfer. Fast alle Industriewaren müssen aus den Industrieländern importiert werden. Die **Terms of Trade** sind für Peru sehr ungünstig. Dies bringt große Probleme mit sich. Die Preise für Rohstoffe sind in den letzten Jahren gesunken; Zink- und Kupfererz sind heute billiger als vor 25 Jahren. Daher arbeiten viele Bergwerke mit Verlust. Sie müssen versuchen, die Kosten zu senken. Dagegen stiegen die Preise für Industriewaren wie Maschinen, Autos und Elektrogeräte stetig an. Um seine Entwicklung voranzutreiben, braucht Peru aber Industriegüter. Es musste bei den Industrieländern Schulden machen. Peru erhält also für seine Ausfuhrgüter immer weniger Geld und muss für seine Einfuhrgüter immer mehr zahlen.

Nicht nur Peru, auch andere Entwicklungsländer halten dies für ungerecht. Sie sagen: „Die Industrieländer leben auf unsere Kosten."

**M7** *Peru: Die Last der Schulden drückt.*

Juan Carcas arbeitet seit 17 Jahren Tag für Tag in einem Kupferbergwerk in der Sierra. Diese Arbeit verrichtet er seit seinem 9. Lebensjahr, als sein Vater bei einem Unfall starb. Eine Schicht dauert zwölf Stunden. In 460 m Tiefe bricht er bei 48 Grad Celsius mit einem Presslufthammer das Erz aus dem Berg. Die Luft ist stickig und verursacht Hustenreiz. Die Maschinen sind überaltert und die Sicherheitsvorkehrungen schlecht. Die Stollen sind nur notdürftig abgestützt. Weitergehende Sicherheitsmaßnahmen wären zu teuer. Erst vor sieben Monaten sind zwei seiner Kollegen von herabstürzendem Gestein schwer verletzt worden. Sie hatten sich die Beine gebrochen und schwere Kopfverletzungen zugezogen. Eine Lebens- oder Krankenversicherung hat niemand. Kaum ein Bergmann erreicht hier das 50. Lebensjahr. Trotzdem beneiden viele Männer Herrn Carcas um seine Arbeitsstelle, denn andere Arbeit gibt es hier kaum.

**M4** *Arbeitsbedingungen in der Mine San José*

> **Merke**
> Um die Landflucht zu verringern, sollen die Lebensbedingungen auf dem Land verbessert werden. Peru verfügt über wenige Industrien. Die Terms of Trade sind für das Land sehr ungünstig.
>
> **Grundbegriffe**
> • Landflucht
> • Terms of Trade

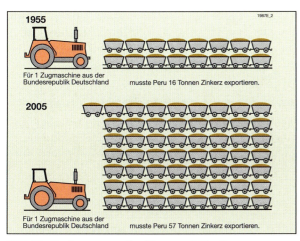

**M5** *Veränderungen der Terms of Trade*

**M6** *Schichtwechsel in einem Bergwerk*

# Merkmale eines Entwicklungslandes

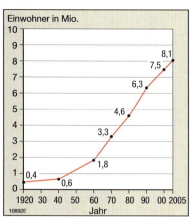

**M1** *Bevölkerungsentwicklung in Lima*

## Aufgaben

**1** Lima zieht viele Menschen an. Was macht die Hauptstadt so attraktiv?

**2** a) Erkläre die Begriffe Push- und Pullfaktoren.
b) Nenne die Push- und Pullfaktoren am Beispiel von Peru (M4).

**M2** *Limas Bedeutung innerhalb Perus*

**M3** *Hauptplatz in Lima mit der Kathedrale*

## Licht und Schatten in Perus Hauptstadt

Perus Hauptstadt Lima ist mit über acht Millionen Einwohnern die größte und wichtigste Stadt des Landes. Die nächstgrößere Stadt Arequipa hat „nur" 710 000 Einwohner. In Lima konzentrieren sich über 50 Prozent aller Industrie- und Handelsunternehmen und fast drei Viertel aller Internetnutzer des Landes.

Keine andere Stadt Perus bietet derart günstige Standortbedingungen für Industrie- und Dienstleistungsbetriebe. Die Versorgung mit Elektrizität und Wasser ist gewährleistet. Viele Menschen können lesen und schreiben. Hafen und Flughafen sorgen für eine gute Verkehrsanbindung. Gehobene Wohnviertel mit eleganten Geschäften und teuren Restaurants an der Küste oder im Hinterland bieten angenehme Lebensbedingungen für die leitenden Angestellten.

Ein großer Teil der Einwohner lebt jedoch in den zahlreichen Armenvierteln am Stadtrand in der Wüste nördlich und südlich der Stadt sowie an den Berghängen im Osten. Jeden Tag kommen Hunderte von Menschen aus dem Hochland nach Lima, um hier Arbeit zu finden. Sie werden meist enttäuscht. Die Hüttensiedlungen werden von Tag zu Tag größer, die Bildung von **Slums** nimmt zu.

**Pushfaktoren** (abweisende Kräfte) — Ländlicher Raum
- niedriges Einkommen
- keine Industrie-Arbeitsplätze
- Abhängigkeit von Landbesitzern oder Gläubigern
- fehlende Bildungs- und Ausbildungsmöglichkeiten

**Pullfaktoren** (anziehende Kräfte) — Großstadt
- bessere Arbeits- und Verdienstmöglichkeiten
- bessere Bildungs- und Ausbildungsmöglichkeiten
- Annehmlichkeiten des städtischen Lebens

**M4** *Ursachen der Landflucht*

## Unsere Eine Welt

M5 *Wohnviertel an der Küste*

M7 *Lima wächst.*

## Push- und Pullfaktoren

Die Bauern in den ländlichen Gebieten erhalten nur wenig Geld für die Nahrungsmittel, die sie auf dem Markt verkaufen. Für sie lebenswichtige Waren, wie Stoffe, Streichhölzer oder Kerzen, werden dagegen von Tag zu Tag teurer. Dies ist nur einer der **Pushfaktoren**, die die Landflucht verursachen.

Dagegen hört die Landbevölkerung in Erzählungen Wunderbares über die großen Städte, vor allem über die Hauptstadt Lima. Diese **Pullfaktoren** bewirken, dass die Städte immer größer werden.

In der Regel erfüllen sich die Wünsche der Zuwanderer nicht. Sie bauen sich am Stadtrand Hütten aus Strohmatten und Wellblech. So haben sich riesige Armenviertel entwickelt, in denen es teilweise kein fließendes Wasser und Toiletten gibt. Krankheiten können sich leicht ausbreiten.

### Aufgabe

**3** a) Die Probleme des unkontrollierten Städtewachstums sind besonders groß, wenn sich die städtische Entwicklung in einem Land überwiegend in einer einzigen Stadt konzentriert. Man spricht von einer sogenannten „Primacy-Situation", wenn die größte Stadt des Landes mindestens dreimal so groß ist wie die nächst kleinere. Erläutere, ob das bei Lima der Fall ist.
b) Erstelle eine Liste der Probleme.

### Merke
Viele Städte, vor allem die Hauptstadt Lima, ziehen die Menschen vom Land an. Die Städte werden immer größer. An den Stadträndern breiten sich Slums aus.

### Grundbegriffe
- Slum
- Pushfaktor
- Pullfaktor

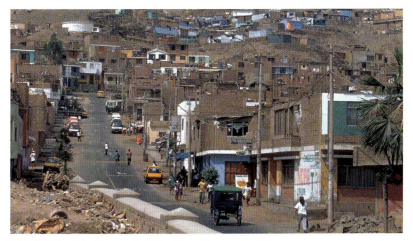

M6 *Hüttensiedlung am Stadtrand*

# Projekt

# Auch ihr könnt helfen!

M1 *Karikatur* ▷

## Jeder kann etwas tun, auch du!

*„Dass jeden Tag Hunderte Kinder an Durchfall sterben und Tausende an Hunger, dass Millionen Kinder arbeiten müssen – zwar ist das alles schrecklich, aber was kann ich da schon machen? Das ist die Aufgabe der Politiker."*
Diese Aussage hört man häufig – doch sie ist falsch.

## Spenden sammeln!

Die Armut ist das größte Entwicklungshindernis für die Menschen in der Dritten Welt. Alle großen Hilfsorganisationen bieten Partnerschaftsprojekte oder Patenprojekte an, für die sich ein Einsatz lohnt. Es gibt Tausende von Möglichkeiten, Spenden zu sammeln. Du kannst zum Beispiel:
- Arbeiten verrichten,
- mit der Klasse einen Sponsor-Lauf durchführen, bei dem jeder Kilometer bzw. jede Runde auf dem Sportplatz bezahlt wird,
- einen Kuchen-, Saft- oder Waffelstand an der Schule oder in der Einkaufszone aufstellen (Achtung: Genehmigung einholen!).

Die Menschen kaufen und spenden besonders gerne, wenn sie wissen, für welchen konkreten Zweck gesammelt wird. Informationsmaterial gibt es bei den Hilfsorganisationen.

## Informieren! Engagieren!

Geld zu sammeln, ist nur eine unter vielen Möglichkeiten, Hilfe zu leisten. Setze dich für die Bedürfnisse der Menschen in den Entwicklungsländern ein! Auch wenn es manchmal etwas Mut erfordert!
- Berichte deinen Eltern und Verwandten, was du inzwischen über die Verhältnisse in Entwicklungsländern gelernt hast und mache Vorschläge zur Hilfe.
- Überprüfe dich selbst: Achtest du darauf, wenn es möglich ist, Produkte aus Fairem Handel zu kaufen?
- Verwendet ihr solche Produkte in eurem Haushalt?
- Gibt es FairTrade-Produkte bei euch in der Schule?
- Willst du dich nicht in einem Eine-Welt-Laden engagieren?
- Frage nach, welche (kleine) Hilfsorganisation es in deinem Heimatort oder Schulort gibt, bei der du ehrenamtlich mitarbeiten kannst.
- Informiere dich im Internet über die „Aktion Tagwerk" und den „Sozialen Tag". Versuche, diese Aktivität auch an deiner Schule zu organisieren.
- Forsche nach, ob eure Schule auch eine Schulpartnerschaft mit einer Schule in einem Entwicklungsland unterhält.

**Unsere Eine Welt** — **Projekt**

M2 *Reingewinn der Aktion „Tulpen für Brot" vom Frühjahr 2008*

## Blumen, die helfen ...

Neben den großen Hilfsorganisationen (M3) engagieren sich auch kleinere Organisationen im Rahmen der **Entwicklungszusammenarbeit** für die Dritte Welt. So betreut die „Aktion Peruhilfe e.V." (www.aktionperuhilfe.de) verschiedene Objekte. Zum Beispiel werden in einem Armenviertel am Rand von Lima Schulen, Kindergärten und Heime für Straßenkinder unterstützt. Die Mittel für ihre Hilfsmaßnahmen erhält die Peruhilfe durch Spenden, Mitgliedsbeiträge, den Verkauf von peruanischen Waren und durch die Mithilfe von Schulklassen. Einen großen Anteil hat hierbei die Aktion „Tulpen für Brot" (www.tulpenfuerbrot.de). Das System ist einfach: Schülerinnen und Schüler bekommen im Herbst Tulpenzwiebeln geschenkt. Sie verpflichten sich, die daraus im Frühjahr entstehenden Tulpen zu verkaufen. Im Herbst 2007 haben 132 Schulen bei der Aktion mitgemacht.

### Info

**Entwicklungszusammenarbeit**

Hilfen, die von den reichen Ländern der Erde in die armen Länder gehen, werden Entwicklungszusammenarbeit genannt. Darunter versteht man alle Maßnahmen zur Unterstützung des wirtschaftlichen Wachstums und der sozialen Entwicklung in den armen Ländern der Erde.
Früher sprach man auch von Entwicklungshilfe. Der Begriff Entwicklungszusammenarbeit soll dagegen verdeutlichen, dass eine nachhaltige Entwicklung nur durch gemeinsame Anstrengungen erfolgen kann.
Entscheidend für den Erfolg der Entwicklungszusammenarbeit ist, ob hierdurch:
a) die Lebensbedingungen der Menschen in den anderen Ländern verbessert werden und
b) die Menschen in der Lage sind, einmal begonnene Projekte selbstständig weiterzuführen und ähnliche Projekte selbst durchzuführen.

M3 *Große Hilfsorganisationen informieren über ihre Arbeit und bieten zahlreiche Projekte und Möglichkeiten zum Engagement an. Regelmäßig wird überprüft, wofür und wann die Spendengelder ausgegeben wurden und ob nicht zu viel Geld für Verwaltung und Werbung verwendet wird.*

# Verflechtung der Handelsbeziehungen

## Deutsche Firmen – weltweit erfolgreich

In den vergangenen Jahrzehnten wurden große Fortschritte auf dem Gebiet der Transporttechnik gemacht (z. B. schnellerer und sicherer Gütertransport durch Container seit Anfang der 1960er Jahre). Außerdem wurden moderne Informations- und Kommunikationstechniken (z. B. Mail, Internet) eingeführt. Dadurch ist die wirtschaftliche Zusammenarbeit zwischen einzelnen Staaten und Unternehmen weltweit leichter geworden. Dies hat zu einem starken Anstieg des **Welthandels** geführt.

Von diesen günstigen Bedingungen hat auch Deutschland profitiert. Die Exporte haben sich von 1997 bis 2007 verdoppelt. Die Importe sind um 85 Prozent angestiegen. Auch infolge der EU-Osterweiterung hat sich der deutsche **Außenhandel** (Importe und Exporte) vergrößert. Darüber hinaus sollen die Handelsbeziehungen mit Russland und den asiatischen Ländern China und Indien ausgebaut werden, deren Wirtschaft schnell wächst.

Die deutschen Firmen sind auf dem Weltmarkt erfolgreich. Sie bieten qualitativ hochwertige Waren preiswert an. Sie sind dazu in der Lage, weil Konzerne wie Daimler, VW oder Siemens und mittelständische Unternehmen Zweigwerke im Ausland errichtet haben. Sie umgehen dadurch häufig Handelshemmnisse wie hohe Steuern für Importe von Fertigwaren.

Deutsche Firmen nutzen weitere Standortvorteile im Ausland: zum Beispiel billige Arbeitskräfte oder den Zugang zu preiswerten Rohstoffen.

Bis zum Jahr 2015 wollen deutsche Unternehmen im Ausland rund 500 000 Arbeitsplätze schaffen. Es müssen Milliardenbeträge investiert werden. Solche **Direktinvestitionen** im Ausland sind ein Hinweis auf die zunehmende Verflechtung und das Anwachsen der internationalen Handelsbeziehungen, das heißt die **Globalisierung** des Welthandels.

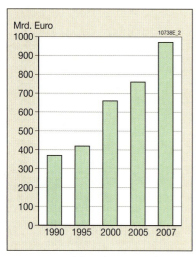

**M1** *Deutschland: Entwicklung des Exports. Deutschland ist seit dem Jahr 2003 Exportweltmeister. 2007 wurden Waren für rund 970 Mrd. Euro exportiert. (Der Wert der Importe betrug 770 Mrd. Euro.) Auf Platz zwei der wichtigsten Exportnationen lag 2007 China, das „auf dem Sprung" zum Exportweltmeister ist, und auf Platz drei lagen die USA.*

**M2** *Deutsche Unternehmen investieren im Ausland.*

## Aufgaben

**1** Zeichne ein Stabdiagramm zur Entwicklung des Welthandels.

**2** Beschreibe den Welthandel mithilfe von M3 (Rohstoffvorkommen, Warenströme für Rohstoffe und Industrieprodukte, wichtige Handelsländer).

**3** Erläutere, warum deutsche Firmen im Ausland produzieren (Text, M2).

## Unsere Eine Welt

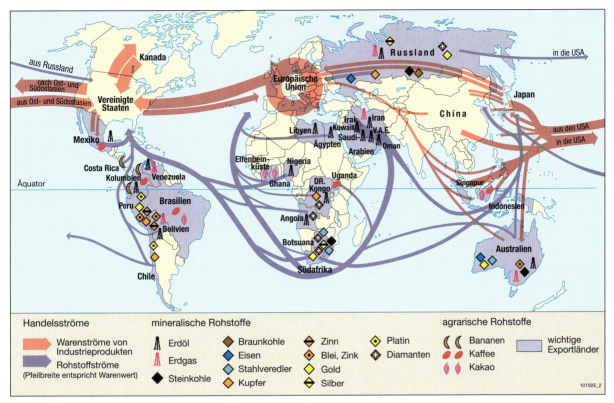

**M3** *Die wichtigsten Handelsströme*

| Jahr | Mrd. US-$ | Jahr | Mrd. US-$ | Jahr | Mrd. US-$ |
|------|-----------|------|-----------|------|-----------|
| 1980 | 2000 | 1990 | 3420 | 2000 | 5740 |
| 1985 | 1930 | 1995 | 4740 | 2007 | 12100 |

**M4** *Entwicklung des Welthandels (Exporte)*

### Aufgabe

**4** Globalisierung bedeutet nicht nur mehr Handel zwischen den Staaten der Welt. Überprüfe den Satz und nimm Stellung (M2, M5).

Die Airbags in einem Auto werden durch einen Computerchip gesteuert. Solche Chips werden in Boston (USA) produziert, dann zum Testen auf die Philippinen geschickt und von dort weiter nach Taiwan, wo sie verpackt werden. Von Taiwan werden die Chips per Flugzeug nach Deutschland transportiert, wo sie in die Autos der Firma BMW eingebaut werden. Die Autos werden nach Brasilien exportiert, wo zum Beispiel eine Firma mehrere BMWs als Geschäftswagen kauft.
Ein Facharbeiter in Boston arbeitet also mit einem unausgebildeten Arbeiter auf den Philippinen zusammen und der wiederum mit einem halbausgebildeten Arbeiter auf Taiwan. Und sie alle arbeiten mit einer hoch bezahlten Arbeitskraft in den BMW-Werken zusammen. Alle arbeiten für einen Chip, der 50 Dollar kostet, und alle sind abhängig von einem Absatzmarkt in Brasilien.

**M5** *Ein Chip geht um die Welt.*

### Merke
Der Welthandel ist stark angestiegen. Deutschland ist mit anderen Ländern der Erde wirtschaftlich eng verflochten. Deutsche Firmen investieren im Ausland, um Standortvorteile zu nutzen.

### Grundbegriffe
- Welthandel
- Außenhandel
- Direktinvestition
- Globalisierung

# Chancen und Risiken eines freien Weltmarktes

| Import insgesamt | 21 630 Mio. € |
|---|---|
| *davon:* | |
| Bekleidung und Textilien | 6 100 Mio. € |
| Geräte der Elektrizitätserzeugung und -verteilung | 3 280 Mio. € |
| Maschinen | 2 950 Mio. € |
| Leder und Lederwaren | 1 890 Mio. € |
| Metallerzeugnisse | 1 820 Mio. € |
| chemische Erzeugnisse | 1 770 Mio. € |

**M1** *Deutschlands Importe aus China 2006*

## Handel mit Textilien – eine Verhandlungssache

Die Verlagerung von Produktionsstätten ins Ausland hat in Deutschland zum Abbau von Arbeitsplätzen geführt. Davon betroffen waren alle Branchen der deutschen Industrie, insbesondere die Textil- und Bekleidungsindustrie. Allein in diesem Bereich ist die Zahl der Beschäftigten zwischen 1997 und 2007 von rund 255 000 auf rund 130 000 zurückgegangen. Massenwaren wie T-Shirts, Socken oder Jeans können zum Beispiel in der Türkei, in Tunesien oder China preiswerter produziert werden als in Deutschland, weil dort die Löhne viel niedriger sind. Chinesische Firmen zum Beispiel zahlen für eine Arbeiterstunde weniger als zwei, deutsche Firmen dagegen bis zu 21 Euro.

Der Konkurrenzdruck für die deutsche Textil- und Bekleidungsbranche ist vor allem seit dem 1. Januar 2005 größer geworden. Die Importquoten (Festlegung von Mengen für Einfuhren) sind weggefallen. Diese **Liberalisierung des Weltmarktes** hat einerseits zusätzliche Chancen für die Exportländer eröffnet. Andererseits sind mit dem freien, unbegrenzten Handel auch Risiken verbunden. Länder wie zum Beispiel Portugal erlebten durch die Flut billiger Textilien und Kleidungsstücke einen Niedergang der heimischen Textil- und Bekleidungsindustrie. Dort arbeiten inzwischen nur noch fünf von 100 Beschäftigten in der Kleider- und Stoffproduktion; in Deutschland ist es noch nicht einmal einer von 100.

Aus diesem Grund haben sich die Europäische Union (EU) und China darauf geeinigt, die Einfuhr von Bekleidung und Textilien zu begrenzen und Importquoten chinesischer Textilien in die EU festzulegen. Allerdings werden diese Quoten nach und nach erhöht, bis die Handelsbeschränkungen ganz wegfallen. Die EU-Länder müssen sich auf den freien Wettbewerb mit der starken chinesischen Konkurrenz einstellen.

## Aufgaben

**1** a) Zeichne ein Diagramm zum Import chinesischer Waren in Deutschland (M1).
b) Beschreibe die Bedeutung, die für China der Export von Bekleidung und Textilien hat.

**2** a) Die EU und China haben sich darauf geeinigt, die Einfuhr in die EU für chinesische Produkte der Bekleidungs- und Textilindustrie zu begrenzen. Begründe.
b) Bewerte die Tatsache, dass die Beschränkung nach und nach aufgehoben wird.

**M2** *Genäht für Deutschland*      **M3** *Näherinnen in China*

## Unsere Eine Welt

In Hösbach (Bayern) steht einer der letzten Nähsäle in Deutschland. Er gehört der Firma Kastell. Hier werden Anzüge auch in Sondergrößen gefertigt. „Das können die großen Anbieter oft nicht mehr. Deshalb haben wir uns darauf spezialisiert", sagt ein Sprecher des Unternehmens. Mit der Herstellung von Maßkonfektion für Kunden mit Passformproblemen hat Kastell eine Nische für die wirtschaftlich erfolgreiche Produktion im Inland gefunden. Die Firma musste dennoch Arbeitsplätze ins Ausland verlagern. Heute beschäftigt Kastell nur noch 45 Näherinnen, die im Durchschnitt 40 Anzüge am Tag herstellen; in den 1970er Jahren wurden pro Tag noch bis zu 400 Anzüge produziert.

Die Suche nach den Ursachen für den Abbau von Arbeitsplätzen in der deutschen Bekleidungsindustrie führt in **Niedriglohnländer** wie China. Dort werden Anzüge und andere Kleidungsstücke für Firmen wie Boss, Pierre Cardin und Adidas produziert. China hat heute einen Anteil von 50 Prozent am Weltmarkt. Aber wie lange noch? Längst suchen Firmen, die Kleidung und Textilien herstellen, nach Möglichkeiten, wo sie noch billiger produzieren können, zum Beispiel in Russland.

(Nach: www.br-online.de/bayern-heute [14.8.2007])

**M4** *Standort Deutschland – „Wanderzirkus" Bekleidungsindustrie*

**M5** *Importpreise für Kleidung aus China 2008. So preiswert wie die Chinesen kann keine deutsche Firma produzieren.*

Frau Mamashoebane Onodugu arbeitet seit zwei Jahren als Näherin in einer Textilfabrik. Ihr Einkommen und das ihres Mannes reichten aus, um die Familie zu ernähren. Nun hat sie ihren Job verloren.
Die Fabrik gehörte Chinesen. Sie wurde von einem auf den anderen Tag geschlossen. Der Grund war: China, das Mitglied der **Welthandelsorganisation (WTO)** ist, darf seit Januar 2005 so viel Textilien produzieren und exportieren, wie es will. Das Land Lesotho ist jetzt nicht mehr wettbewerbsfähig. Denn Löhne von umgerechnet 80 Euro pro Monat sind zu viel, wenn man mit China konkurriert.
Die Textilarbeiter in Lesotho fühlen sich von den Chinesen verraten. Fast alle der insgesamt 50 000 Arbeitsplätze in der Textilbranche sind in Gefahr. Die Globalisierung hat nun auch die Dörfer in Lesotho erreicht – mit verheerenden Folgen.

(Nach: Fernsehsendung „Weltspiegel" vom 8.5.2005)

**M6** *Textilarbeiterinnen in Lesotho (Afrika) – Opfer der Globalisierung*

## Info

**Welthandelsorganisation**
Die Welthandelsorganisation (WTO, engl.: World Trade Organization) wurde 1995 gegründet und hat ihren Sitz in Genf (Schweiz). Die WTO ist eine internationale Organisation. Sie hat 153 Mitglieder (Stand: 2008). Auch Deutschland ist Mitglied der WTO.
Die WTO setzt sich für einen freien Welthandel ein und verlängerte deshalb im Jahr 2005 nicht das Textilabkommen. Dieses Abkommen schützte die Textil- und Bekleidungsindustrie in den Industriestaaten vor billigen Importen aus den wirtschaftlich noch nicht weit entwickelten Ländern wie China.

## Aufgabe

**3** Zeige am Beispiel der Bekleidungsindustrie die Chancen und Risiken des freien Welthandels auf (M2–M6).

**Merke**
Immer mehr Textilien werden in Niedriglohnländern produziert und von dort aus exportiert. Vor 2005 bestandene Handelsbeschränkungen wurden von der WTO aufgehoben. Zwischen der EU und China wurden dennoch Importquoten für Textilien vereinbart.

**Grundbegriffe**
- Liberalisierung des Weltmarktes
- Niedriglohnland
- Welthandelsorganisation

# Chancen und Risiken eines freien Weltmarktes

M1 *Zukunftsinvestitionen*

## Die deutsche Wirtschaft im Zeichen der Globalisierung

Die deutsche Industrie stellt Qualitätserzeugnisse her. Außerdem werden immer wieder neue Produkte angeboten, über die man nur staunen kann. So hat zum Beispiel eine Firma aus Solingen ein Messer auf den Markt gebracht, das nie nachgeschärft werden muss. Das war nicht bloß nur eine Weltneuheit, sondern eine **Innovation**. Um jedoch auf Dauer konkurrenzfähig zu bleiben, müssen die Unternehmen Geld für die Forschung und Entwicklung ausgeben (z. B. für die Entwicklung umweltfreundlicher Antriebstechniken für Autos).

Deutschland ist auf dem Gebiet hochwertiger Waren (z. B. Autos, medizinische Instrumente, Spezialmaschinen) weltweit konkurrenzfähig. Standardprodukte mit einem hohen Lohnkostenanteil werden jedoch immer häufiger in Niedriglohnländern produziert: Hosen oder Röcke zum Beispiel, bei deren Herstellung noch viel Handarbeit notwendig ist. Auch Dienstleistungen werden ins Ausland verlagert. In Indien etwa machen Zehntausende von Software-Spezialisten in und um die Stadt Bangalore (Bengaluru) ihren deutschen Kollegen direkte Konkurrenz. Per Satellitenleitung klicken sie sich in die Großrechner der deutschen Auftraggeber ein. Sie übernehmen Programmier- und Wartungsarbeiten und sie wickeln beispielsweise auch den Zahlungsverkehr von deutschen Banken ab.

Gleichzeitig drängt die Billig-Konkurrenz aus dem Ausland nach Deutschland. So rechnet etwa das Handwerk damit, dass in den ersten zehn Jahren nach der EU-Osterweiterung (seit 2004) in Deutschland 35 000 Stellen verloren gehen. Ein polnischer Fliesenleger arbeitet für fünf bis zehn Euro pro Stunde, während sein deutscher Kollege 28 Euro kostet. Zwei Millionen neue Arbeitsplätze entstehen jedoch bis zum Jahr 2015 im Wirtschaftsbereich der Dienstleistungen, davon allein 500 000 in der Gesundheitsversorgung und Altenpflege.

## Aufgaben

**1** Das deutsche Handwerk befürchtet wirtschaftliche Nachteile durch die EU-Osterweiterung. Liste sie auf.

**2** Bis 2015 entstehen im Bereich „Gesundheit und Altenpflege" viele neue Arbeitsplätze. Begründe.

**3** Experten meinen, dass die deutsche Wirtschaft ihre Spitzenstellung nur behaupten kann, wenn sie innovative Produkte auf den Markt bringt und mehr Geld in die Forschung und Bildung investiert. Erläutere anhand von Beispielen (M1, M3, M4).

**4** Du hast eine Firma, in der alle möglichen Dinge für die Schule hergestellt werden. Welche innovativen Produkte würdest du anbieten? Eine Schultafel, die sich selbst reinigt, ein Schulbuch ... Ergänze und nenne weitere Beispiele.

M2 *Software-Spezialisten aus Indien haben das Computerprogramm für die Kräne im Hafen von Bremerhaven entwickelt, mit denen Container millimetergenau auf die Schiffe verladen werden.*

## Unsere Eine Welt

## Globalisierung und nachhaltiges Wirtschaften

40 Mio. MP3-Player verkaufte die US-Firma Apple im Jahr 2006. Sie machte damit einen Umsatz von 7,6 Mrd. Dollar. Den „iPod nano" von Apple versorgt unter anderem eine neuartige High-Tech-Batterie von der Firma Varta Microbattery aus Ellwangen (Baden-Württemberg) mit Strom. Das kleine, zwei Millimeter flache Kraftpaket ist das jüngste Vorzeigeprodukt von Varta.

Die Batterie mit dem Markennamen „PoLiFlex" ist leicht, stark, robust, zuverlässig und extrem platzsparend. Ihr größter Vorteil: Eine hauchdünne Kunststofffolie ersetzt das flüssige, ätzende Elektrolyt herkömmlicher Batterien. Die „PoLiFlex" kommt deshalb ohne ein Gehäuse aus, das sie gegen das Auslaufen schützt. Sie lässt sich in beinahe jeder beliebigen Form herstellen, ist biegsam und passt selbst in kleinste Geräte.
Die Firma Varta ist weltweit als Spezialist für Batterien bekannt. Sie ist zum Beispiel führender Anbieter von Spezialbatterien für Hörgeräte.

Die neu entwickelte Kunststoffbatterie „PoLiFlex" soll die Spitzenstellung der Firma festigen: als Energiespender in intelligenten Geld-, Telefon- und Sicherheitskarten, in Sensoren, die Puls und Blutdruck überwachen und die Daten an den Arzt funken.
Fünf bis sieben neue, zuweilen bahnbrechende Produkte wie die PoLiFlex-Batterie bringt die Firma Varta jedes Jahr auf den Markt.

(Nach: Wirtschaftswoche vom 22.1.2007, S. 74–77)

**M3** *Tolle Ideen, innovative Produkte*

## Nachdenken über die Zukunft

(Gespräch mit Eckart Foltin, dem Leiter des Creative Centers bei Bayer in Leverkusen, einem der größten Konzerne der chemischen Industrie)

„Herr Foltin, Sie beschäftigen sich mit der Frage, welche Produkte die Menschen in Zukunft brauchen. Woher bekommen Sie die Anregungen dafür?"

„Mit Verkehrsexperten zum Beispiel sprechen wir darüber, wie das Auto der Zukunft aussehen könnte. Sollen in Zukunft Einparkhilfen in alle Autos eingebaut werden, dann müssen die Kunststoffe der Karosserie für infrarotes Licht durchsichtig sein. Unsere Erkenntnisse geben wir an die Abteilung Entwicklung von Bayer weiter. Dort versucht man dann, die entsprechenden Kunststoffe zu entwickeln."

„Welche solcher ‚Zukunftsprodukte' sind heute schon auf dem Markt?"

„Zum Beispiel eine beleuchtete Handtasche. Das Licht wird von einer dünnen, biegsamen Leuchtfolie erzeugt, die von einer Mikrobatterie mit Strom versorgt wird. Eine interessante Entwicklung sind auch die ‚Wearables'. Das sind Kleidungsstücke mit eingebauten Computern. Mit Wearables-Uniformen kann man die Atmung und den Pulsschlag eines Feuerwehrmanns beim Einsatz überwachen."

„Das klingt nach Science-Fiction!"

„Nun, was heute noch als modernster Stand der Technik gilt, ist übermorgen schon veraltet und wird im Ausland preiswerter produziert als hier in Deutschland. Deshalb brauchen wir immer wieder der Innovationen."

**M5** *„Intelligente" Kleidung*

**Merke**
Die deutsche Wirtschaft muss hochwertige, innovative Produkte anbieten, damit sie weltweit konkurrenzfähig bleibt. Standardprodukte können im Ausland oft preiswerter hergestellt werden. Im Bereich der Dienstleistungen entstehen neue Arbeitsplätze.

**Grundbegriff**
• Innovation

**M4** *Auszug aus einem Interview*

# Wie lange reichen die Rohstoffe?

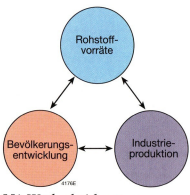

M1 *Wechselwirkungen*

## Aufgabe

1 Wie könnt ihr euch nachhaltig verhalten, um Rohstoffe zu schonen? Nenne Beispiele.

### Info 1

**Nachhaltigkeit**
Nachhaltig zu handeln heißt, sich heute so zu verhalten, dass man dadurch nicht die Chancen künftiger Generationen beeinträchtigt, weder wirtschaftlich noch ökologisch.
172 Staaten haben sich 1992 in der **Agenda 21** verpflichtet, durch nachhaltige Wirtschaftsweise die Zukunft zu sichern.

## An den Grenzen des Wachstums

Jahrhundertelang schienen die Rohstoffe auf der Erde unerschöpflich zu sein. Die Menschen konnten sich bedienen, wann immer sie wollten. Doch inzwischen müssen wir umdenken!

Durch das schnelle Bevölkerungswachstum und die zunehmende Industrialisierung ist der Verbrauch an Rohstoffen weltweit gestiegen. Länder wie Brasilien, China oder Indien bauen selbst Industrien auf. Sie produzieren nicht nur für die eigene, schnell wachsende Bevölkerung, sondern auch für den Weltmarkt. Immer mehr Entwicklungsländer werden zu Schwellenländern. Rohstoffe, die diese Länder noch vor wenigen Jahren exportiert haben, brauchen sie nun selbst.

Noch gibt es genügend Rohstoffe und immer wieder werden neue Vorkommen entdeckt. Doch die Rohstoffreserven werden heute schneller aufgezehrt als jemals zuvor. So verbraucht die Menschheit zum Beispiel an einem Tag so viel Kohle, Öl und Gas, wie die Natur in 500 000 Tagen angesammelt hat.

Es ist unwahrscheinlich, dass der Bedarf an Rohstoffen auch in Zukunft gesichert ist. Deshalb ist es notwendig, die Ressourcen zu schonen und nach dem Prinzip der **Nachhaltigkeit** zu handeln.

### Info 2

**Club of Rome**
Vor rund 35 Jahren entwickelte der **„Club of Rome"**, ein Team von 100 Persönlichkeiten aus Wissenschaft, Industrie und Politik, zum ersten Mal **Szenarien** zur Zukunft der Erde. Das Team ging von Beobachtungen zum damaligen Zustand der Erde aus und sagte mögliche Entwicklungen voraus. Die sogenannten „Was-wäre-wenn-Prognosen" beruhten stärker auf einer Argumentationsreihe als auf mathematischen Berechnungen.

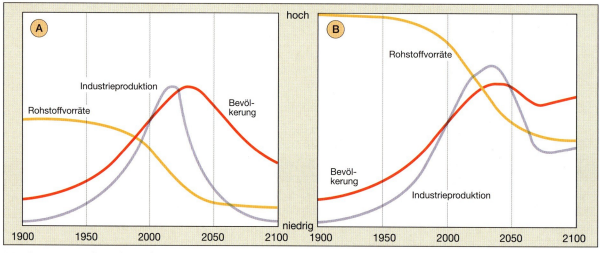

M2 *Szenarien des Club of Rome bei unverändertem (A) und nachhaltigem Verhalten (B)*

# Unsere Eine Welt

Benzin und Motoröl:
Erdöl aus Großbritannien (Nordsee), Nigeria, Libyen und dem Nahen Osten (Golfstaaten)

Karosserie:
Eisenerze aus Australien, Brasilien, Liberia, Kanada, Schweden

Reifen:
Naturkautschuk aus Malaysia, Indonesien

Motor, Felgen, Getriebe:
Aluminiumerze (Bauxit) aus Australien, Guinea, Sierra Leone, Guyana, China

Elektrische Leitungen:
Kupfererze aus Australien, Papua-Neuguinea, Chile, Mexiko

**M3** *Rohstoffe zur Herstellung eines Pkw (Auswahl)*

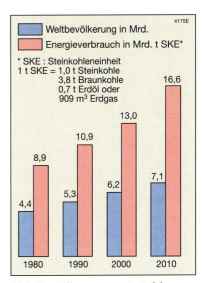

**M6** *Bevölkerungsentwicklung und Energieverbrauch (2010 Prognose)*

| Rohstoff | „Lebensdauer" in Jahren* | Rohstoff | „Lebensdauer" in Jahren* |
|---|---|---|---|
| Aluminiumerz (Bauxit) | 201 | Kupfererz | 85 |
| Blei | 90 | Nickel | 160 |
| Braunkohle | 230 | Quecksilber | 55 |
| Eisenerz | 121 | Silber | 21 |
| Erdöl | 120 | Steinkohle | 200 |
| Gold | 19 | Zink | 45 |
|  |  | Zinn | 120 |

* bei gleichbleibendem Verbrauch

**M4** *Lebensdauer ausgewählter Rohstoffe*

## Aufgaben

**2** a) Beschreibe den Verlauf der einzelnen Kurven in M2(A).
b) Erläutere die Wechselwirkung zwischen den Kurven zur Bevölkerung und zu den Rohstoffvorräten.

**3** a) Beschreibe den Verlauf der einzelnen Kurven in M2(B).
b) Benenne die Unterschiede gegenüber dem Szenario A (M2).

**4** Erstelle eine Liste der Herkunftsländer in M3.

### Merke
Damit die Menschheit auch in Zukunft genügend Rohstoffe hat, müssen wir nachhaltig wirtschaften.

### Grundbegriffe
- Agenda 21
- Nachhaltigkeit
- Club of Rome
- Szenario

**M5** *Karikatur: „So leben wir, so leben wir, so leben wir alle Tage!"*

# Wie lange reichen die Rohstoffe?

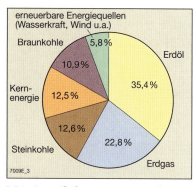

M1 *Anteil der Energiequellen am Energieverbrauch in Deutschland 2007*

## Sonne, Wind & Co. – Energiequellen der Zukunft?

Forschungsinstitute haben vorausgesagt, dass der Energiebedarf auf der Erde bis zum Jahr 2050 um 30 bis 50 Prozent ansteigen wird. Zur Bedarfsdeckung wären erhebliche Mengen an Kohle, Erdöl und Erdgas notwendig. Um diese traditionellen Energiequellen zu schonen, sollen **erneuerbare Energien** noch stärker als bisher genutzt werden. Sie sind eine Alternative bei der Erzeugung von Strom und Wärme. Auch deshalb, weil die Energiepreise der weltweit wichtigsten Energieträger Erdöl und Ergas steigen.

Die deutsche Regierung strebt einen Anteil von 20 Prozent der umweltfreundlichen erneuerbaren Energien an der Stromerzeugung an (2006 Anteil in Deutschland: 12 %, weltweit: 18 %). Sie finanziert zahlreiche Forschungsprojekte, um dieses Ziel zu erreichen. Die Bereiche Solar- und Windenergie, die Nutzung von Biomasse und der Erdwärme werden besonders gefördert. Hand in Hand mit Energieeinsparungen ließe sich so eine nachhaltige Entwicklung auf dem Energiesektor verwirklichen. Im Jahr 2006 konnten durch die Nutzung erneuerbarer Energien zum Beispiel 38 Mio. t Braunkohle, 11 Mio. t Steinkohle, 7 Mrd. m³ Gas, 4 Mio. Liter Erdöl und Heizöl sowie 4 Mio. Liter Benzin eingespart werden.

In Deutschland gehört der Bereich der erneuerbaren Energien, in dem rund 215 000 Menschen beschäftigt sind, zu den Wirtschaftsbranchen, die am stärksten wachsen.

## Aufgaben

**1** Liste auf, wofür die verschiedenen Energiequellen genutzt werden (M2).

**2** Kennzeichne die Bedeutung der erneuerbaren Energien in Deutschland (M1, M3).

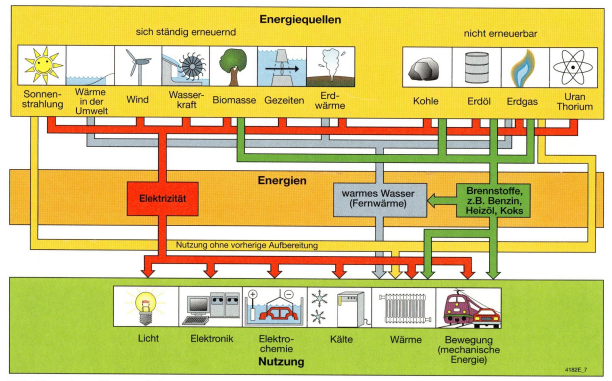

M2 *Energiequellen und ihre Nutzung*

# Unsere Eine Welt

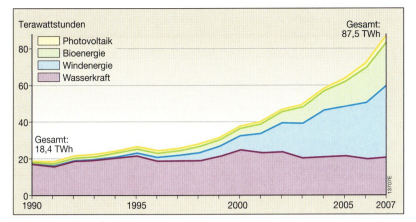

M3 *Energiereiche Alternativen*

Mit einer Kilowattstunde Strom kann man zum Beispiel
- 70 Tassen Kaffee kochen,
- ein Mittagessen für vier Personen kochen,
- eine Maschine Wäsche waschen,
- drei Tage einen Kühlschrank (150 Liter) nutzen,
- 15 Hemden bügeln,
- sieben Stunden fernsehen,
- 15 Stunden Radio hören,
- 40 Stunden mit einem CD-Player Musik hören.

M7 *Wozu eine Kilowattstunde Strom gut ist*

Holzpellets sind aus Sägemehl und Hobelspänen gepresste, 1–3 cm lange „Holzstücke". Eine Tonne davon kostet 185 Euro (2008), was einem Heizölpreis von 35 Cent je Liter entspricht. Holzpellets werden zum Beispiel verfeuert. 2008 gab es in Deutschland 80 000 Pelletsheizungen, und jährlich kommen 10 000 hinzu. Die größte Anlage steht in Kempten im Allgäu: Ein Kessel versorgt dort ein Hallenbad mit Wärme. Auch in Schweden, Österreich und Italien boomt diese Technik.

(Nach: Deutscher Energie-Pellet-Verband www.depv.de, 26.7.2008)

M4 *Holzabfälle – zum Wegwerfen zu schade*

Die Zahl der Windenergieanlagen ist heute doppelt so groß wie im Jahr 2000 (18 700, davon 2 700 in Nordrhein-Westfalen). Die meisten Windkrafträder stehen an der Küste oder im Mittelgebirge. Dort weht der Wind oft und kräftig. Allerdings wird die Windkraft über dem Land zum Beispiel durch Bäume und Gebäude gebremst. Deshalb sollen Windenergieanlagen bis zu 40 km weit im Meer errichtet werden. 2 500 Windräder müssten in den Meeresboden gerammt werden, um ein Zehntel des Stromverbrauchs in Deutschland zu decken. Dazu wäre eine Fläche von 1 900 km² notwendig.

Das höchste Windrad der Welt steht in der Nähe der Stadt Brunsbüttel. Es ist 183 m hoch und damit höher als der Kölner Dom (157 m). Mit ihm können 5000 Haushalte mit Strom versorgt werden.

M5 *Aus Wind wird Strom.*

Der hohe Preis für Benzin und die Umweltbelastung durch $CO_2$-Emissionen haben dazu geführt, dass Biodiesel 2008 schon in mehr als 1900 deutschen Tankstellen angeboten wurde. Raps ist in Deutschland die mit Abstand wichtigste Ölpflanze. Sie eignet sich sowohl für die Herstellung von Speiseöl als auch für Biodiesel. Allerdings bräuchte man, um den Gesamtbedarf an Heizöl und Diesel allein aus Biodiesel zu decken, für den Rapsanbau die fünffache Fläche Deutschlands.

M6 *Biodiesel auf dem Vormarsch*

## Aufgaben

**3** Windenergieanlagen sollen im Meer gebaut werden. Erkläre weshalb (M5).

**4** Erneuerbare Energien werden nach und nach stärker genutzt. Begründe.

**5** Erstellt in Gruppenarbeit aktuelle Berichte zu den folgenden sich ständig erneuernden Energiequellen in Deutschland: Sonnenstrahlung (Photovoltaik), Wind, Biomasse, Wasserkraft (Internet, z. B.: www.erneuerbare-energien.de).

### Merke
Erneuerbare Energien sollen in Deutschland stärker genutzt werden. Sie schonen die Ressourcen traditioneller Energieträger und sind umweltfreundlich.

### Grundbegriff
- erneuerbare Energien

# Alles klar? Unsere Eine Welt

## 1. Bevölkerungswachstum im Teufelskreis

a) Zeichne die Skizze des Teufelskreises ab und ergänze dabei die fehlenden Begriffe A bis E.
b) Zeige am Beispiel von Eden aus Äthiopien auf, wodurch ein hohes Bevölkerungswachstum verursacht wird.

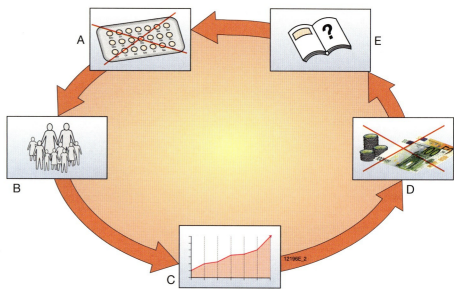

## 2. Bist du ein Fachmann für Bevölkerungsfragen?

Beantworte die folgenden Fragen und stelle fest, ob du dich in Bevölkerungsfragen auskennst.
a) Wie lange dauerte es, bis drei Milliarden Menschen auf der Erde lebten?
b) In welcher Zeit verdoppelte sich die Zahl der Menschen auf der Erde auf sechs Milliarden?
c) Wie nennt man das sehr schnelle Bevölkerungswachstum?
d) Die Bevölkerungsentwicklung vollzieht sich global langsamer, aber regional schneller. Erkläre.
e) Was versteht man unter „Familienplanung"?

## 3. Der Teufelskreis der Unterernährung

Übertrage die Schemazeichnung in deine Mappe oder dein Heft und setze die fehlenden Begriffe ein.

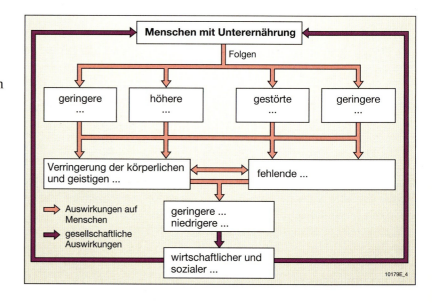

# Alles klar?

## 4. Eine Zukunft mit oder ohne Rohstoffe?

a) Rohstoffreichtum bringt auch Probleme. Erkläre am Beispiel von Peru.
b) Erkläre den Begriff „Szenario".
c) Erläutere, welches Szenario in der Abbildung rechts dargestellt ist.
d) Es gibt weitere Szenarien des Club of Rome. Schildere, wie und mit welchem Ziel sie entwickelt wurden.
e) Erneuerbare Energien sind eine vielversprechende Alternative für die Erzeugung von Strom. Nimm Stellung zu dieser Aussage.
f) Erkläre den Begriff „Nachhaltigkeit".

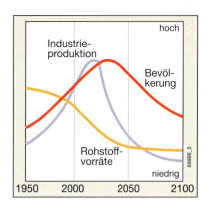

## 5. Warenproduktion in einer globalisierten Welt

a) Der Besitzer einer deutschen Textilfirma, die in China produzieren lässt, wird von einem Reporter gefragt, warum er nicht in Deutschland produziert. Notiere, was er antworten könnte.
b) Erkläre, welcher Zusammenhang zwischen Armut und Kinderarbeit besteht.
c) Die Liberalisierung des Weltmarktes bringt Vor- und Nachteile. Begründe diese Aussage an den Beispielen China und Lesotho.
d) Der Arbeitsplatz einer Näherin ist von deinem Einkaufsverhalten abhängig. Nimm begründet Stellung zu dieser Aussage.

### Grundbegriffe

- Bevölkerungsexplosion
- Vereinte Nationen
- Familienplanung
- Generationenvertrag
- Unterernährung
- Kinderarbeit
- Grundbedürfnis
- Entwicklungsland
- Dritte Welt
- Industrieland
- Schwellenland
- Human Development Index (HDI)
- Costa
- Sierra
- Selva
- Landflucht
- Terms of trade
- Slum
- Pushfaktor
- Pullfaktor
- Entwicklungszusammenarbeit
- Welthandel
- Außenhandel
- Direktinvestition
- Globalisierung
- Liberalisierung des Weltmarkts
- Niedriglohnland
- Welthandelsorganisation (WTO)
- Innovation
- Agenda 21
- Nachhaltigkeit
- Club of Rome
- Szenario
- erneuerbare Energien

## 6. Fragen für Experten

a) Liste alle Grundbedürfnisse des Menschen auf. Welche zeigt die Abbildung rechts?
b) Erkläre an zwei Beispielen, wie unterschiedlich die Grundbedürfnisse in einem Industrie- und Entwicklungsland erfüllt werden.
c) Regionale Unterschiede führen in den Ländern der Dritten Welt zur Landflucht. Nenne die Push- und Pullfaktoren am Beispiel von Peru.
d) Die UNO lässt jedes Jahr die Länder der Erde nach dem HDI berechnen. Was bedeutet diese Abkürzung und welche Werte werden für die Berechnung des HDI verwendet?
f) Was versteht man unter dem Begriff „Globalisierung"?

# Minilexikon

**Agenda 21** (Seite 134)
Agenda (lateinisch) bedeutet sinngemäß „Was zu tun ist". Die Agenda 21 ist eine 1992 getroffene Willenserklärung der Regierungen von 172 Staaten der Erde, die Zukunft der Menschheit umweltschonend, sozial gerecht und nachhaltig zu gestalten. (→ Nachhaltigkeit)

**Agrobusiness** (Seite 72)
(auch Agribusiness) Organisations- und Produktionsform in der Landwirtschaft, die der Industrie ähnlich ist. Ein Kennzeichen von Unternehmen im Agrobusiness ist die Zusammenfassung aller Produktionsabläufe von der Herstellung über die Verarbeitung bis hin zur Vermarktung.

**Arbeiterbauer** (Seite 25)
Bezeichnung für einen Bauer, der nach seiner hauptberuflichen Tätigkeit in der Industrie noch einen Teil seiner Felder bestellt. Er besitzt einen → Nebenerwerbsbetrieb.

**Außenhandel** (Seite 128)
Handelsbeziehungen (Importe und Exporte) eines Landes/einer Region mit anderen Staaten/Regionen.

**Bevölkerungsexplosion** (Seite 104)
Bildhafter Ausdruck für das starke Wachstum der Bevölkerung.

**Biodiesel** (Seite 37)
Kraftstoff, der nicht aus Rohöl, sondern aus Pflanzenölen (Raps) oder tierischen Fetten gewonnen wird. Biodiesel wird deshalb zu den → erneuerbaren Energien gezählt.

**Biogasanlage** (Seite 32)
Hier wird aus verschiedenen biologischen Rohstoffen (z. B. Bioabfall, Klärschlamm, Pflanzen) Biogas erzeugt, das zur Strom- und Wärmeerzeugung genutzt wird.

**Boom-Belt** (Seite 69)
Aufstrebender (boomender) Wirtschaftsraum im Osten der USA. Hier haben sich zahlreiche Hightech-Betriebe angesiedelt. 20 000 Wissenschaftler arbeiten in privaten und staatlichen Forschungslabors. Viele ausländische Firmen wie BMW haben hier Niederlassungen.

**Bruttoinlandsprodukt** (BIP) (Seite 6)
Summe aller volkswirtschaftlichen Leistungen (Produktion und Dienstleistungen), die innerhalb eines Landes in einem Jahr erbracht werden.

**Club of Rome** (Seite 134)
Der Club of Rome ist eine Organisation, die einen globalen Gedankenaustausch zu verschiedenen internationalen politischen Fragen betreibt. Ziel des Clubs ist die gemeinsame Sorge und Verantwortung um bzw. für die Zukunft der Menschheit.

**Costa** (Seite 120)
Eine der drei Klima- und Vegetationsregionen Perus. Mit dem Begriff Costa wird die Küstenlandschaft Perus bezeichnet. Sie besteht zum größten Teil aus Wüste und Halbwüste und zeichnet sich durch geringe Niederschläge und hohe Luftfeuchtigkeit aus. In Flussoasen wird Landwirtschaft betrieben. Im intensiven Bewässerungsfeldbau werden u. a. Reis, Zuckerrohr und Baumwolle angebaut.

**Dauerfrostboden** (Seite 82)
Boden, der ständig gefroren ist, oft bis in mehrere hundert Meter Tiefe. Im Sommer taut nur die oberste Bodenschicht auf, diese ist dann sehr schlammig bzw. morastig. Die Böden in polnahen Gebieten und in hohen Gebirgsregionen sind Dauerfrostböden.

**Direktinvestition** (Seite 128)
Der Begriff bezeichnet eine Auslandsinvestition, bei der finanzielle Mittel sowie Fachwissen im Ausland verwendet werden, um dort ein neues Unternehmen zu gründen oder um größeren Einfluss zu gewinnen.

**Diversifizierung** (Seite 16)
Maßnahme zum Abbau von → Monostrukturen. Dadurch versucht man die Abhängigkeit von nur einem Produkt bzw. einer Wirtschaftsbranche zu vermindern.

**Dritte Welt** (Seite 118)
Der Begriff geht auf eine alte Einteilung der Erde in drei Welten zurück. Als Erste Welt bezeichnete man die obersten Industrieländer. Als Zweite Welt galten früher die ehemaligen kommunistischen Länder in Osteuropa. Zur Dritten Welt gehören die armen Länder im „Hungergürtel" der Erde. Sie werden auch → „Entwicklungsländer" genannt.

**Eisen- und Stahlkrise** (Seite 16)
Krise der Eisen- und Stahlindustrie in Deutschland in den 1970er Jahren. Gründe für die Krise waren ein weltweites Überangebot an Eisen und Stahl sowie ein Rückgang der Nachfrage nach Eisen- und Stahlprodukten in Deutschland. Es mussten Hüttenwerke stillgelegt werden. Tausende von Arbeitnehmern wurden entlassen.

**Entwicklungsland** (Seite 118)
Land, das im Vergleich zu einem → Industrieland weniger entwickelt ist. Entwicklungsländer werden auch → „Dritte Welt" genannt. Sie weisen typische Merkmale auf, z. B. ein hohes Bevölkerungswachstum, unzureichende Nahrungsmittelversorgung oder auch → Kinderarbeit.

**Entwicklungszusammenarbeit** (Seite 127)
Maßnahmen zur Unterstützung des wirtschaftlichen Wachstums und der sozialen Entwicklung in den → Entwicklungsländern. Dieser Begriff wird in der deutschen Entwicklungspolitik anstelle von „Entwicklungshilfe" benutzt.

**erneuerbare Energien** (Seite 136)
Energiequellen, die ohne Einsatz fossiler Rohstoffe erschlossen werden und daher maßgeblich zur Senkung des $CO_2$-Emissionen und dem Klimaschutz beitragen. Sie können im Gegensatz zu Erdöl oder Erdgas nicht versiegen. Dazu zählen z. B. Wind-, Wasserkraft- und Sonnenenergie.

**EU-Binnenmarkt** (Seite 50)
Gemeinsamer Markt der EU-Länder, in dem alle Handelshemmnisse untereinander (Zölle, unterschiedliche Vorschriften, unterschiedliche Steuern) beseitigt sind.

**EU-Ministerrat** (Seite 48)
Der EU-Ministerrat ist Teil des politischen System der → Europäischen Union und setzt sich aus Vertretern der Mitgliedstaaten zusammen. Der Rat ist das wichtigste Entscheidungsorgan der Europäischen Gemeinschaft. Zusammen mit dem → Europäischen Parlament ist er die gesetzgebende Gewalt der EU.

**Eurasien** (Seite 44)
Die zusammenhängende Landmasse der Kontinente Europa und Asien.

**Euregio** (Seite 56)
Regionen an den Binnen- und Außengrenzen der → Europäischen Union, in denen grenzüberschreitende Zusammenarbeit vereinbart und praktiziert wird, z. B. auf dem Gebiet des Tourismus, der Umwelt, des Sports, der Kultur u. a.

**Europäische Kommission** (Seite 48)
Die Europäische Kommission ist Teil des politischen Systems der → Europäischen Union. Sie schlägt Gesetze vor. Als ausführende Gewalt ist sie für die Umsetzung der Beschlüsse von → EU-Ministerrat und → Europäischem Parlament zuständig.

**Europäische Union (EU)** (Seite 46)
Zusammenschluss von europäischen Staaten mit dem Ziel der wirtschaftlichen und politischen Vereinigung.

**Europäischer Gerichtshof** (Seite 48)
Der Europäische Gerichtshof ist Teil des politischen Systems der → Europäischen Union. Er übernimmt die Funktion der rechtsprechenden Gewalt.

**Europäischer Rat** (Seite 48)
Der Europäische Rat ist das oberste Gremium der → Europäischen Union. Der Rat setzt sich aus den Staats- und Regierungschefs der Mitgliedstaaten der EU sowie dem Präsidenten der → Europäischen Kommission zusammen. Aufgabe ist die Festlegung der politischen Leitlinien und Ziele der EU.

**Europäischer Rechnungshof** (Seite 48)
Hauptaufgabe des Europäischen Rechnungshofes ist es, einen jährlichen Bericht über die Verwendung der Gemeinschaftsmittel vorzulegen. Der Bericht dient dem → Europäischen Parlament als Hilfsmittel der Haushaltskontrolle.

**Europäisches Parlament** (Seite 48)
In den Mitgliedstaaten der → Europäischen Union alle fünf Jahre gewählte Volksvertretung. Sie teilt sich mit dem → EU-Ministerrat die Gesetzgebungsfunktion und berät bzw. kontrolliert die einzelnen Organe der EU. Das Europäische Parlament verabschiedet den Haushalt (Vergabe der Finanzmittel).

**EU-Strukturpolitik** (Seite 54)
Maßnahmen der → Europäischen Union zur Verbesserung der Lebensverhältnisse in den verschiedenen Staaten und Regionen der EU. Hierzu gehören u. a. Subventionen und Steuervergünstigungen.

**Factory Farm** (Seite 72)
(amerikanisch: Fabrikfarm) Farm mit einem hohen Mechanisierungsgrad für die Bewirtschaf-

tung auf großen Flächen, verbunden mit einem hohen Kapitalaufwand für Investitionen (z. B. Ausbau der Bewässerungs- oder Fütterungsanlagen).

**Familienplanung** (Seite 106)
Maßnahmen zur Begrenzung der Geburten in Ländern mit hohem Bevölkerungswachstum. Zur Familienplanung gehören die Beratung über die Verhütung von Schwangerschaften und die Ausgabe von Mitteln zur Empfängnisverhütung.

**Family Farm** (Seite 72)
Von einer Familie betriebene Farm, die wesentlich kleiner und bei weitem nicht so stark mechanisiert ist wie eine → Factory Farm.

**Farmer** (Seite.64)
Englische Bezeichnung für einen Landwirt.

**Feedlot** (Seite 71)
Großbetrieb für die Mast von Rindern unter freiem Himmel, z. B. für 100 000 Tiere. Der Betrieb ist in zahlreiche eingezäunte Blöcke aufgeteilt, in denen jeweils etwa 250 Tiere untergebracht sind.

**Gemeinsame Agrarpolitik (GAP)** (Seite 50)
Agrarpolitik der → Europäischen Union. Sie lenkt die landwirtschaftliche Produktion und den Handel mit landwirtschaftlichen Gütern in den Mitgliedsländern.

**Generationenvertrag** (Seite 108)
Prinzip, das die gesetzliche Finanzierung der Renten sichern soll. So zahlt die jüngere, erwerbstätige Generation Beiträge, mit denen die aktuellen Renten finanziert werden. Die Einzahler erwerben somit selbst einen gesetzlichen Rentenanspruch im Alter.

**Globalisierung** (Seite 128)
Strategie der Großfirmen, im Ausland neue Betriebe zu gründen, indem sie Steuererleichterungen, preiswertes Gelände und billigere Arbeitskräfte nutzen, um billiger zu produzieren. Konzerne wachsen, verbunden durch globale Daten- und Finanzströme, zu multinationalen Wirtschaftseinheiten. (→ Niedriglohnland)

**Great Lakes** (Seite 64)
Die Great Lakes, die „Großen Seen", sind eine Gruppe von fünf zusammenhängenden Süßwasserseen in Nordamerika.

**Great Plains** (Seite 64)
Die Great Plains, die „Großen Ebenen" sind ein trockenes Gebiet östlich der Rocky Mountains in Nordamerika. Sie liegen hauptsächlich in den USA; reichen im Norden bis Kanada und im Süden bis Mexiko. Die Great Plains sind dünn besiedelt, weisen aber einen hohen Überschuss an landwirtschaftlichen Erzeugnissen auf.

**Grundbedürfnis** (Seite 118)
Mindestbedarf, den ein Mensch zum Leben braucht. Die wichtigsten Grundbedürfnisse sind Nahrung, Trinkwasser, Kleidung, Unterkunft sowie Bildung, Arbeit, ärztliche Versorgung und politische Mitbestimmung.

**Human Development Index (HDI)** (Seite 118)
Maßeinheit, mit der die → Vereinten Nationen seit 1992 den Entwicklungsstand der Staaten bestimmen. Dabei werden u.a. die Lebenserwartung, der Anteil der Analphabeten, die durchschnittliche Dauer des Schulbesuchs und das → Bruttoinlandsprodukt berücksichtigt. Resultat ist eine Rangfolge der Länder der Erde vom höchsten bis zum niedrigsten HDI-Wert.

**Industriebrache** (Seite 20)
Zurückgelassene Fläche von stillgelegten Industriebetrieben.

**Industrieland** (Seite 118)
Staat, dessen Wirtschaftsstruktur überwiegend durch die Industrie und/oder den → tertiären Sektor geprägt ist. Im → primären Sektor arbeiten weit unter 10 % der Erwerbstätigen. Im Gegensatz zum → Entwicklungsland sind die → Grundbedürfnisse der meisten Menschen erfüllt.

**Industriepark** (Seite 19)
Zusammenhängendes, in sich geschlossenes Gebiet, zur Ansiedlung von Industriebetrieben. Der Industriepark ist mit Straßen, Ver- und Entsorgungseinrichtungen, Gleisanschluss, Feuerwehrdepot, Poststelle, Kantine, Wachdienst usw. ausgestattet.

**Innovation** (Seite. 132)
Neuerung im landwirtschaftlichen und industriellen Bereich (z.B. neue Produktionstechnik).

**Innovationszentrum** (Seite 21)
Gebiet, in dem sich vor allem junge Unternehmen mit neuartigen Ideen und Konzepten, vielfach auf dem Sektor der Datenverarbeitung, ansiedeln. Oft besteht eine enge Zusammenarbeit mit Universitäten, Fachhochschulen und anderen wissenschaftlichen Instituten.

**Investitionsgüterindustrie** (Seite 18)
Sie stellt Wirtschaftsgüter mit langer Lebensdauer her. Viele von ihnen dienen dazu, andere Güter zu erzeugen. Zu den Investitionsgütern gehören z.B. Maschinen, Fahrzeuge oder Werkhallen.

**Joint Venture** (Seite 84)
Zusammenarbeit von Unternehmen, um ein gemeinsames Projekt durchzuführen. Häufig kommen diese Unternehmen aus verschiedenen Ländern, z.B. aus einem → Industrieland und einem → Entwicklungsland.

**Just-in-Time (JIT)-Fertigung** (Seite 19)
Organisation der Zulieferung von Teilen, die bei der Produktion gebraucht werden. Der Hersteller bestellt aus Kostengründen erst dann bei den einzelnen Zulieferern, wenn der Lagerbestand zur Neige geht.

**Kinderarbeit** (Seite 117)
Es ist typisch für viele → Entwicklungsländer, dass Kinder unter 14 Jahren arbeiten müssen, um den Lebensunterhalt ihrer Familie zu sichern.

**Kohlenkrise** (Seite 16)
Rückgang des Absatzes von Steinkohle Ende der 1950er Jahre, weil Erdöl preiswerter angeboten wurde. Daraufhin wurden Zechen stillgelegt und Bergleute entlassen. Die Steinkohleförderung wurde gedrosselt.

**Kolchose** (Seite 87)
Landwirtschaftliche Arbeits- und Produktionsgemeinschaft in der ehemaligen Sowjetunion. Sie entstand durch Zusammenlegung ehemals privater bäuerlicher Betriebe.

**Kommunismus** (Seite 80)
(von lateinisch „communis": „allen gemeinsam") Der Kommunismus strebt als politisches System die Form einer Gesellschaft an, in der der Einzelne zugunsten der Gemeinschaft auf privates Eigentum verzichtet; alle sollen alles besitzen. Kennzeichen des Kommunismus sind die Verstaatlichung der Produktionsmittel, eine starke Kontrolle aller Gesellschaftsmitglieder, die Diktatur der Kommunistischen Partei und damit die Zerstörung vieler Rechte demokratischer Gesellschaften (Versammlungs-, Vereinigungs- und Meinungsfreiheit).

**Konsumgüterindustrie** (Seite 19)
Gruppe von Industriezweigen, die Konsumgüter (z.B. Möbel, Bekleidung, Haushaltsgeräte) herstellen.

**Lagerstätte** (Seite 83)
Abbauwürdiges Vorkommen von nutzbaren Mineralien und Gesteinen, den Bodenschätzen.

**Landflucht** (Seite 122)
Abwanderung der ländlichen Bevölkerung in die Städte wegen der ungünstigen Arbeits- und Besitzverhältnisse auf dem Land und der Verdienstmöglichkeiten in der Stadt.

**ländlicher Raum** (Seite 24)
Gebiet, das dem städtischen → Verdichtungsraum gegenübersteht. Im ländlichen Raum leben weniger Menschen, die Infrastruktur ist meist schlechter ausgebaut und die Bewohner gehen häufig einer Tätigkeit aus dem → primären Sektor nach.

**Lean Production** (Seite 18)
(„schlanke Produktion") In Japan entwickelte Art, Industrieerzeugnisse herzustellen. Wichtigste Merkmale sind: Teamarbeit, Ausführung der Teilfertigung durch jedes Mitglied einer Gruppe, Beseitigung von Fehlern bereits während der Produktion und Automatisierung der Materialzulieferung (→ Just-in-time-Fertigung). Durch Lean Production konnten z.B. in der Autoindustrie der Zeit- und Kostenaufwand verringert und die Produktion erhöht werden.

**Liberalisierung des Weltmarkts** (Seite 130)
Das Abbauen von Einschränkungen auf dem Weltmarkt. Dazu gehört, dass z.B. die Einfuhr von Waren aus den → Entwicklungsländern in die → Industrieländer nicht durch Zölle oder Mengenbeschränkungen behindert wird.

**Logistik** (Seite 22)
Bereich der Wirtschaft und des Verkehrs, der sich mit dem Transport und der Lagerung von Gütern und den dazu notwendigen Planungs- und Steuerungsvorgängen beschäftigt.

**Manufacturing Belt** (Seite 69)
Industriegürtel im Nordosten der USA zwischen dem Atlantik und dem oberen Mississippi. Hier begann im 19. Jahrhundert auf der Grundlage der Bodenschätze Kohle und Eisenerz die Industrialisierung der USA.

# Minilexikon

**Marktwirtschaft** (Seite 87)
Die freie Marktwirtschaft ist eine Wirtschaftsform mit freiem Wettbewerb um Märkte und Verbraucher. In der Marktwirtschaft kann ein Unternehmer produzieren, was und wie viel er will. Die Preisbindung erfolgt in freier Konkurrenz. Sie richtet sich nach Angebot und Nachfrage. Eine Weiterentwicklung der freien Marktwirtschaft ist die soziale Marktwirtschaft. Hierbei sorgen z. B. Gewerkschaften in freien Verhandlungen (ohne staatlichen Druck) für Verbesserungen bei den Bedingungen für die Arbeitnehmer.

**Mechanisierung** (Seite 34)
Ersatz der Arbeitskraft des Menschen durch Maschinen (z. B. Mähdrescher). Dadurch wird die Arbeit erheblich erleichtert und es werden Arbeitskräfte eingespart.

**Mittelzentrum** (Seite 26)
→ Zentraler Ort mittlerer Stufe, der die Bevölkerung seines Einzuggebietes mit Gütern und Dienstleistungen des mittelfristigen (gelegentlichen, gehobenen) Bedarfs versorgt. Dazu gehören Fachgeschäfte, Rechtsanwälte, Fachärzte, Krankenhaus, Gymnasien, Sportstätten und Behören auf Landkreisebene. Darüber hinaus sind hier die Einrichtungen eines → Unterzentrums vorhanden.

**Mobilität** (Seite 74)
Beweglichkeit von Personen oder Gruppen. Mobilität drückt einerseits eine große Bereitschaft aus, aus beruflichen oder privaten Gründen den Wohnort zu wechseln, also z.B. vom Land in die Stadt oder in ein anderes Bundesland zu ziehen. Andererseits kann auch die Bereitschaft, als Pendler weite Strecken zwischen Wohnort und Arbeitsplatz zurückzulegen oder in entfernte Länder zu reisen, als Mobilität bezeichnet werden.

**Monostruktur** (Seite 16)
(mono: ein, einzeln). Wirtschaft, die durch einen Industriezweig oder eine Branche bestimmt oder beherrscht wird.

**Montanindustrie** (Seite 16)
Zusammenfassende Bezeichnung für die Eisen- und Stahlindustrie sowie für den Steinkohlenbergbau (mit angeschlossenen Kokereien und Brikettfabriken).

**Nachhaltigkeit** (Seite 134)
Nachhaltigkeit ist die deutsche Übersetzung des (englischen) Begriffes „sustainability". Im Rahmen der → Agenda 21 erklärten 172 Staaten „sustainability" zu einem wichtigen Ziel ihrer Entwicklung. Nachhaltig zu wirtschaften bedeutet, dass darauf geachtet wird, keine Schäden (z. B. ökologische) entstehen zu lassen, die zukünftigen Generationen das Leben auf unserem Planeten erschweren.

**nachwachsender Rohstoff** (Seite 37)
Rohstoff, der in der Land- oder Forstwirtschaft erzeugt wird und in der Industrie weiterverarbeitet werden kann, z.B. Flachs, Raps, Hanf oder bestimmten Gräser und Hölzer.

**Nebenerwerbsbetrieb** (Seite 32)
Ein Nebenerwerbsbetrieb ist ein landwirtschaftlicher Betrieb, der nebenberuflich bewirtschaftet wird. Das Haupteinkommen des Betriebsinhabers stammt aus seinem Hauptberuf außerhalb der Landwirtschaft. (→ Vollerwerbsbetrieb)

**Niedriglohnland** (Seite. 131)
Land mit besonders niedrigem Lohnniveau. In Niedriglohnländern können arbeitsintensive Waren kostengünstiger produziert werden als in den westlichen → Industrieländern mit hohen Arbeitskosten.

**Oberzentrum** (Seite 26)
→ Zentraler Ort oberster Stufe mit der höchsten Bedeutung in seinem Einzugsgebiet, der seine Bevölkerung mit hoch- und höchstwertigen Gütern und Dienstleistungen versorgt. Hier findet man z. B. zahlreiche Spezialgeschäfte und Warenhäuser, obere Behörden, Spezialkliniken, Hochschulen, Museen, Theater sowie ein umfangreiches Angebot an Arbeitsplätzen. Darüber hinaus sind in einem Oberzentrum Einrichtungen der → Mittelzentren und → Unterzentren vorhanden.

**ökologische Landwirtschaft** (Seite 35)
Art der Landwirtschaft, bei der auf die Verwendung von Mineraldünger und chemischen Pflanzenschutzmitteln zur Bekämpfung von Schädlingen verzichtet wird und eine artgerechte Tierhaltung erfolgt. Ziel ist es, die Umwelt zu schonen und unbelastete Lebensmittel zu erzeugen.

**Outsourcing** (Seite 9)
Auslagerung von Teilen der Produktion und der Dienstleistungen in einem Unternehmen mit dem Ziel, Kosten zu sparen und sich auf seine Kernkompetenz zu konzentrieren.

**Planwirtschaft** (Seite 87)
Eine Wirtschaftsordnung, in der alle wirtschaftlichen Vorgänge zentral gelenkt werden: Produktion, Verkehr, Handel und Verbrauch werden von staatlichen Stellen geplant (meistens Fünfjahrespläne), Preise und Löhne werden festgesetzt. Die zentral gelenkte Planwirtschaft war in unterschiedlicher Form in allen sozialistischen Ländern anzutreffen. Sie gilt heute in den meisten dieser Länder als überholt.

**primärer Sektor** (Seite 8)
Der Teil der Wirtschaft, der sich mit der Produktion von Rohstoffen beschäftigt: die Landwirtschaft, die Forstwirtschaft, die Fischerei und der (reine) Bergbau, nicht die Aufbereitung. (→ sekundärer Sektor, → tertiärer Sektor)

**Produktivität** (Seite 34)
Verhältnis der Herstellungskosten zu den produzierten Mengen oder zum Produktionswert. Die Produktivität steigt, wenn bei gleichem Einsatz von Arbeit oder Kapital das Produktionsergebnis erhöht wird.

**Pullfaktor** (Seite 125)
Auslösende Ursache für die Wanderung von Menschen aus Räumen mit geringer Attraktivität in Räume mit vermeintlich hoher Attraktivität. Pullfaktoren sind Anziehungskräfte des Zuwanderungsgebietes (z. B. Hoffnung auf Arbeit, auf Einkommen). Sie führen zur Verstädterung. (→ Pushfaktor)

**Pushfaktor** (Seite 125)
Auslösende Ursache für die Wanderung von Menschen aus Räumen mit geringer Attraktivität in Räume mit vermeintlich hoher Attraktivität. Pushfaktoren (z.B. keine Arbeitsmöglichkeiten, geringes Einkommen) bewegen die Menschen zum Verlassen einer Region. Sie führen zur → Landflucht. (→ Pullfaktor)

**Rancher** (Seite 64)
Ein Rancher ist im englischsprachigen Raum ein Landwirt, der Viehzucht betreibt.

**Raumordnung** (Seite 26)
Übergeordnete Planung durch öffentliche Ämter zur Gestaltung von Räumen. Dazu gehören u. a. die planmäßige Ausweisung von Wohn-, Industrie-, Gewerbe- und Erholungsflächen sowie der Infrastruktur auf der Grundlage der Naturausstattung und des Schutzes der Umwelt. Oberstes Ziel der Raumordnung in Deutschland ist die Aufhebung von Ungleichgewichten.

**Rekultivierung** (Seite 30)
Rekultivierung nennt man die Wiederherstellung von Landschaften, die durch Tagebau (Braunkohle, Kies) zerstört wurden. Die riesigen Löcher werden so weit wie möglich wieder aufgefüllt. In Restlöchern entstehen Seen. Bäume werden gepflanzt, frühere Ackerböden werden wieder aufgebracht und Grünflächen angelegt. Eine rekultivierte Landschaft dient oft der Erholung oder wird landwirtschaftlich genutzt.

**Revitalisierung** (Seite 20)
Städtebauliche Sanierungsmaßnahme, durch die ein Gebiet zur Behebung städtebaulicher Missstände wesentlich verbessert oder umgestaltet werden soll.

**Schlüsselindustrie** (Seite 19)
Industriezweig, dessen Produktion und Aufträge für andere Industrien, Betriebe und Länder lebenswichtig sind. Zu den traditionellen Schlüsselindustrien gehören z. B. die Schwerindustrie, die Textilindustrie, der Fahrzeugbau und die Energieerzeugung.

**Schwarzerde** (Seite 86)
Durch einen hohen Gehalt an Humus schwarz gefärbter Boden, der sehr fruchtbar ist.

**Schwellenland** (Seite 118)
Land, das sich im Übergang („auf der Schwelle") vom → Entwicklungsland zum → Industrieland befindet.

**sekundärer Sektor** (Seite 8)
Der Teil der Wirtschaft, der sich mit der Bearbeitung, Verarbeitung und Aufbereitung von Rohstoffen beschäftigt: die Industrie, das Handwerk, die Bauwirtschaft. (→ primärer Sektor, → tertiärer Sektor)

**Selva** (Seite 120)
Eine der drei Klima- und Vegetationsregionen Perus. Die Regenwaldregion, Selva genannt, ist kaum erschlossen, beginnt östlich der Anden und zeichnet sich durch Tageszeitenklima, hohe Temperaturen und hohe Niederschläge aus. Indianer haben Teile des tropischen Regenwaldes gerodet und hier u.a. Kaffee-, Kakao- und Bananenpflanzungen angelegt.

# Minilexikon

**Sierra** (Seite 120)
Eine der drei Klima- und Vegetationsregionen Perus. Die Sierra ist die bis zu 6 700 m hohe, stark zerklüftete Andenkette, die sich von Norden nach Süden durch Peru zieht. Sie ist reich an Bodenschätzen, für eine landwirtschaftliche Nutzung aber schlecht geeignet. Nur die Täler sind fruchtbar und dicht besiedelt. Die höheren Gebiete werden als Weideflächen für Schafe, Lamas oder Alpacas genutzt.

**Silicon Valley** (Seite 69)
(engl. valley: Tal) Ein Teilabschnitt des Kalifornischen Längstals südlich von San Francisco. Hier haben sich auf einer Fläche von etwa 450 km$^2$ über 3 000 Firmen der Computerbranche sowie 3 000 Zuliefer- und Dienstleistungsbetriebe angesiedelt. Ein Schwerpunkt ist die Herstellung von Mikrochips. Wegen der Verwendung von Silizium (engl. silicon) heißt dieses Gebiet Silicon Valley.

**Slum** (Seite 124)
Städtisches Elendsviertel mit mangelhaften Wohnverhältnissen, ungünstigen hygienischen Verhältnissen, schlechter Schulausstattung, fehlender Krankenversorgung usw.

**Sonderwirtschaftszone** (Seite 96)
Gebiet, das ein besonders wirtschaftsförderndes Wirtschafts- und Steuerrecht aufweist. Das Ziel der Einrichtung ist insbesondere wirtschaftliches Wachstum durch ausländische Investitionen. Sonderwirtschaftszonen wurden in mehreren Ländern eingerichtet, darunter in der Volksrepublik China, in Indien und Kasachstan.

**Sowchose** (Seite 87)
Staatseigener landwirtschaftlicher Betrieb in der ehemaligen Sowjetunion.

**Spezialisierung** (Seite 34)
Reduzierung auf ein Produkt oder wenige Produkte; in der Landwirtschaft z. B. auf einen Bereich des Ackerbaus oder Viehwirtschaft.

**Standortfaktor** (Seite 10)
Wenn ein Betrieb sich an einem bestimmten Standort ansiedelt, so sind dafür bestimmte Gründe ausschlaggebend, z. B. vorhandene Arbeitskräfte, gute Verkehrsanbindung usw. Die Gründe, die für oder gegen den Standort sprechen, werden Standortfaktoren genannt.

**Strukturwandel** (Seiten 9,16)
Die Industrie eines Landes durchläuft einen Strukturwandel, wenn einzelne, bisher wichtige Industrien (z.B. → Montanindustrie) an Bedeutung verlieren und gleichzeitig andere oder neue Wirtschaftszweige (z.B. Dienstleistungen) an Bedeutung gewinnen.

**Subvention** (Seite 10)
Unterstützung einzelner Unternehmen, bestimmter Regionen oder Wirtschaftszweige (z.B. Landwirtschaft, Industrie) durch einen Staat, ein Bundesland oder eine Gemeinde. Subventionen werden in Form von Finanzhilfen oder sonstigen Vergünstigungen (z. B. Steuererleichterungen) vergeben.

**Szenario** (Seite 134)
In einem Szenario wird ein mögliches Bild von zukünftigen Ereignissen oder Zuständen beschrieben. Für die Voraussage werden vergangene und gegenwärtige Entwicklungen analysiert.

**Taiga** (Seite 82)
Der in Nordeuropa und Nordasien verbreitete nördliche Nadelwaldgürtel (auch „borealer Nadelwald") wird in Russland Taiga genannt.

**Technologiepark** (Seite 69)
Ein Technologiepark entspricht einem → Technologiezentrum, nur ist er größer und häufig mit Grünanlagen versehen.

**Technologiezentrum** (Seite 21)
Industriegebiet, in dem sich vor allem junge Unternehmen ansiedeln. Diese entwickeln moderne Produkte (High-Tech-Produkte) und Verfahren, die z. B. in der Medizin oder im Umweltschutz eingesetzt werden. Die Unternehmen arbeiten dabei eng mit Universitäten, Fachhochschulen und anderen wissenschaftlichen Instituten zusammen. Sie nutzen die neuesten wissenschaftlichen Erkenntnisse.

**Terms of Trade** (Seite 123)
Verhältnis zwischen Exportpreisen und Importpreisen. Das Verhältnis verschlechtert sich z. B. für ein Land, wenn die Exportpreise fallen und die Importpreise steigen oder die Exportpreise langsamer steigen als die Importpreise.

**tertiärer Sektor (Dienstleistungssektor)** (Seite 8)
Der Teil der Wirtschaft, der Dienstleistungen erbringt: Handel, Banken, Verkehr, Tourismusgewerbe, Verwaltung, Bildungs- und Gesundheitswesen, freie Berufe (Ärzte, Rechtsanwälte, Architekten usw.). (→ primärer Sektor, → sekundärer Sektor)

**Tundra** (Seite 84)
Baumlose Kältesteppe mit Flechten, Moosen, Gräsern und → Dauerfrostboden, der sich nördlich an die Nadelwaldzone (→ Taiga) anschließt.

**Unterernährung** (Seite 113)
Unzureichende Versorgung mit Nahrungsmitteln; der tägliche Joule-/Kalorienbedarf kann nicht gedeckt werden. Unterernährung führt auf Dauer zu einer erheblichen Schwächung des Körpers, zu Krankheit oder gar zum Tod.

**Unterzentrum** (Seite 26)
→ Zentraler Ort unterster Stufe zur Versorgung eines Nahbereichs mit Gütern und Dienstleistungen insbesondere des täglichen bis mittelfristigen Bedarfs. Dazu zählen z. B. Lebensmittelgeschäft, Sparkasse, praktischer Arzt, Apotheke, kleinere Sportstätte sowie Grundschule, teilweise auch Haupt- und Realschule.

**Verdichtungsraum** (Seite 24)
Ein Verdichtungsraum ist ein Gebiet, in dem besonders viele Menschen auf engem Raum („verdichtet") leben. Hier gibt es viele Arbeitsplätze und ein gut ausgebautes Verkehrsnetz.

**Vereinte Nationen** (Seite 105)
(auch UN bzw. UNO, engl. United Nations Organization) Die Vereinten Nationen wurden 1945 gegründet. Ihr Hauptsitz ist in New York. Heute gehören ihr nahezu alle Staaten der Erde an. Die wichtigsten Aufgaben der UNO sind die Sicherung des Weltfriedens, die Förderung der → Entwicklungszusammenarbeit und der Schutz der Menschenrechte.

**Vollerwerbsbetrieb** (Seite 32)
Hauptberuflich bewirtschafteter landwirtschaftlicher Betrieb, bei dem eine bäuerliche Familie ihr Einkommen voll aus dieser Tätigkeit bezieht. (→ Nebenerwerbsbetrieb)

**Welthandel** (Seite 128)
Importe und Exporte aller Länder der Erde, d. h. der Austausch von Gütern und Dienstleistungen über die jeweiligen Staatsgrenzen hinweg. In Statistiken wird der wertmäßige Umfang dieser internationalen Handelsbeziehungen meistens in US-Dollar angegeben.

**Welthandelsorganisation (WTO)** (Seite 131)
Die WTO ist eine internationale Organisation, die sich mit der Regelung internationaler Handels- und Wirtschaftsbeziehungen beschäftigt. Das Ziel der WTO ist es, Handelshemmnisse abzubauen und den internationalen Handel zu liberalisieren.

**Weltmacht** (Seite 63)
Mit dem Begriff Weltmacht wird ein Staat bezeichnet, der weltweit sowohl politisch als auch wirtschaftlich und militärisch einen wesentlichen Einfluss ausübt. Nach dem Zweiten Weltkrieg galten die USA, die Sowjetunion und auch China als Weltmächte. Heute wird die USA auch als Supermacht bezeichnet.

**Wirtschaftsförderung** (Seite 10)
Hilfen für Unternehmen, z. B. Zuschüsse zu Investitionen oder zinsgünstige Darlehen, durch den Staat, die Länder oder die Gemeinden zur Schaffung von Arbeitsplätzen.

**Zentraler Ort** (Seite 26)
Stadt, deren infrastrukturelle Einrichtungen nicht nur der eigenen Bevölkerung, sondern auch der eines näheren oder weiteren Umlandes („Einzugsbereich") dienen. Je nach Bedeutung (Angebot und Einzugsbereich) unterscheidet man → Oberzentrum, → Mittelzentrum und → Unterzentrum.

**Zulieferindustrie** (Seite 18)
Spezialisierter Betrieb, der bestimmte Einzelteile und Zubehör (z.B. für Autos) herstellt und an das Werk liefert, welches das fertige Endprodukt (also Auto) herstellt.

143

# Bildquellen

argus Fotoarchiv, Hamburg: 29 M4; Associated Press, Frankfurt/M.: 60/61 (Willens); automotive.saarland, Saarbrücken: 18 M3; Background Verlag, Saarbrücken: 23 M3; Behrendt/ccc, www.c5.net: 81 M3; Bildagentur, Hamburg: 6 M2 (Krämer/Stern); Bilderberg, Hamburg: 64 M2 (Grames), 91 M3 (Reiser), 113 M6 (Obertreis); BMW, München: 69 M3; Bodenmais Tourismus & Marketing GmbH, Bodenmais: 38 M5; Brants, E., Paderborn: 55 M5e; Bundesamt für Bauwesen und Raumordnung, Berlin: 20 M4; Corbis, Düsseldorf: 74 M3 (Rose/zefa), 83 M4 (Blakely), 96 M2 (Hecker/zefa), 102/103 (Moos), 132 M2 (Jagadeesh); DACHSER, Überherrn: 23 M4, 23 M5; Das Fotoarchiv, Essen: 105 M4 (Zimmermann); Deutsche Stiftung Weltbevölkerung, Hannover: 104 M2, 107 M3; Dietmar Griese, Hannover: 80; Dillinger Hütte, Dillingen: 17 M5; Druwe und Polastri, Cremlingen: 12, 74 M1; Far Eastern Economic Review, Hongkong: 97 M4; Felden, R., Bochum: 55 M5c; Flughafen Dortmund GmbH, Dortmund: 8 links; Focus, Hamburg: 82 M1 (Nicoll/Katz Pictures), 92 M2 (George Steinmetz), 94 M1; Ford AG, Werk Saarlouis: 19 M4 (Fink); Ford Werke AG, Köln: 69 M4; G. Gerster, Zumikon-Zürich: 72 M2; General Motors, Detroit: 68 M2; Geospace, Salzburg: 86 M2; GIU Gesellschaft für Innovation und Unternehmensförderung, Saarbrücken: 20 M1 links, 20 M1 rechts, 20 M3, 21 M5, 21 M7; Globus Infografik, Hamburg: 109 M5; Gräning, Horst, Lubmin: 7 M6; Greenpeace Media GmbH, Hamburg: 83 M6 (Gleizes); Haitzinger/ccc,www.c5.net: 51 M3, 81 M4, 109 M6, 115 M5 links und rechts, 126 oben; IDS Scheer AG, Luxemburg: 21 M6; IFA-Bilderteam, Frankfurt/M.: 55 M5d (WPS), 75 M5 (WPS); IISG, Amsterdam: 111 M6 (de Jong); Imaginechina, Shanghai: 93 M4, M5, M6, 95 M3; Infracor GmbH, Marl: 8 rechts unten; Jilg, W., Auetal: 14 mitte; John Deere, Bruchsal: 34 M1; Jürgens, Ost und Europa Photo, Berlin: 89 M4; Kaemper, A.-W., Detmold: 32 M2, 37 M5; KANN-Bild, Bonn: 113 M5; Kiefer, K.-H., Dillingen: 24 M4, 25 M5, M6; Koltes, M., Thailen: 127 M2; Kurverwaltung, Bodenmais: 38 M3; laif, Köln: 62 M2 (Sasse), 124 M3 (Raach), 125 M6 (Raach); Latz, W., Linz: 13, 35 M5, 122 M1, 123 M6; LEG Saar, Saarbrücken: 22 M2; Lorang, H.-W., Überherrn-Berus: 11 M2; Luftbildcentrum, Dillingen: 24 M3; Mader, F., Barsbüttel: 8 rechts; Mauritius, Mittenwald: 55 M5b (Mehlig), 98 M1; Mensing, Roman, Münster:5 Topic; Mester/ccc, www.c5.net: 48 M2; Müller, K., Braunschweig:14 oben und unten; NASA Headquaters, Houston/Texas: 92 M3; Nebel, J., Muggensturm: 88 M1, 120 M3, 120 M5, 121 M7, 122 M3; Okapia, Frankfurt/M.: 110 M4 (Kiepke); Opel AG, Bochum: 135 M3; Pauly, Friedrich, Wiesbaden: 39 M7; Photodesign Gerd Krämer, Rüsselsheim: 6 M3; Picture Alliance, Frankfurt/M.: 7 M7 (Hiekel), 31 M3 (Haid), 49 M4 (Haid), 86 M1 (Tass), 88 M2, 90 M2 (Scheidemann), 94 M2, 115 M4 (Main-Poste, Jungbauer), 116 M3 (Lissac/Godong), 125 M5, 130 M3 (epa Qilai Shen); Pielert/ccc, www.c5.net: 81 M2; RAG Deutsche Steinkohle AG, Herne: 16 M1, 16 M3; Ramos, M., Brüssel: 50 M1; rosner GmbH & Co., Ingolstadt: 133 M5; Rugmark, Köln: 117 M5; Schimanek, L., Herbolzheim: 82 M2; Schmeckenbecher, K., Hockenheim: 55 M5a; sinopictures, Berlin: 111 M7; Sivestris online, Kastl: 67 M4; Strohbach, D., Berlin: 77 M5; SV Bilderdienst, München: 91 M4; Taubmann, W., Bremen: 96 rechts unten; Tekülve, R., Essen: 99 M5, M6, M7; Topic Media, Ottobrunn: 7 M5 (Heine); Visum, Hamburg: 78 M2 (Ludwig), 78 M3 links (Ludwig), 78 M3 rechts (Cojaniz); Werner Klohn, Vechta: 71 M4, 72 M1; Wintershall AG, Kassel: 85 M3; Wolter, Lohmar:135 M5; Wostok, Berlin: 84 M2 (Nowosti/Kawer), 88 M3; Zentralbild, Berlin: 31 M4; Zentrum für europäische Bildung, Bonn: 42/43.

**Der Band enthält Beiträge von:**

Ulrich Brameier, Klaus Claaßen, Dieter Engelmann, Peter Gaffga, Wolfgang Gerber, Kerstin Gerlach, Uwe Hofemeister, August-Wilhelm Kaemper, Peter Kirch, Norma Kreuzberger, Rainer Lacler, Wolfgang Latz, Thomas Michael, Jürgen Nebel, Friedrich Pauly, Dietrich Strohbach, Ralf Tieke, Joachim Vossen, Walter Weidner und Christoph Weigert.